EADERSHIP

基层领导力与沟通管理

中共都江堰市委党校（成都村政学院）◎编
周静◎主编

DMINISTRATION

OMMUNICATE

西南交通大学出版社
·成都·

图书在版编目（CIP）数据

基层领导力与沟通管理 / 中共都江堰市委党校（成都村政学院）编；周静主编. —成都：西南交通大学出版社，2021.11（2024.7 重印）
ISBN 978-7-5643-8387-9

Ⅰ. ①基… Ⅱ. ①中… ②周… Ⅲ. ①基层干部－领导学－教材 Ⅳ. ①C933

中国版本图书馆 CIP 数据核字（2021）第 231478 号

Jiceng Lingdaoli yu Goutong Guanli
基层领导力与沟通管理

中共都江堰市委党校（成都村政学院） 编
周　静　主编

责任编辑 / 李芷柔
封面设计 / 曹天擎

西南交通大学出版社出版发行
（四川省成都市金牛区二环路北一段 111 号西南交通大学创新大厦 21 楼　610031）
发行部电话：028-87600564　028-87600533
网址：http://www.xnjdcbs.com
印刷：四川煤田地质制图印务有限责任公司

成品尺寸　185 mm × 260 mm
印张　13.5　　字数　320 千
版次　2021 年 11 月第 1 版　　印次　2024 年 7 月第 2 次

书号　ISBN 978-7-5643-8387-9
定价　45.00 元

课件咨询电话：028-81435775
图书如有印装质量问题　本社负责退换

前言

PREFACE

本书从培养创新型人才这一目标出发，参考借鉴国际管理能力沟通的做法、案例，将全书分为“领导力基础”和“管理沟通基础”两篇，具体包括领导力解读、领导力变革、管理沟通理念、管理沟通的障碍、口头表达、书面表达、非语言表达、沟通中的倾听与反馈、人际沟通的风格、组织内沟通、危机沟通等 15 章内容，系统介绍了领导力与管理沟通的知识点。作为新形态形式教材，从结构上，每一章都从案例导入开始，进入知识点后，增加了总结与回顾和自我技能测试两个模块，帮助读者一边阅读一边测试训练。本书作为沟通类课程的教材，力求内容丰富、举例活泼、结构新颖、配有随堂测试与情境小品，随书还赠送了全书的教学 PPT，可供感兴趣的读者自学使用。

本书作为干部培训使用的管理学核心课程的教材，是中共都江堰市委党校（成都村政学院）的建设成果之一。

本书由中共都江堰市委党校（成都村政学院）筹划编写，由西南交通大学经济管理学院周静副教授主编，同时得到了西南交通大学冯璐瑶、金本杰、蒋一洲、张敏等同学的帮助。

沟通学是一个庞大的学科体系，本书只是对初学者或者非专业人士的开窗启示，也是编者教学成果的单一维度的展示，离浩瀚的学海和鲜活的实践还有很大差距，希望此书得到同行的指正和读者的批评。史蒂夫·柯维（Stephen R. Covey）曾说，养成任何一个好习惯并带给你改变，必须经过学习—实践—坚持三个阶段。沟通和领导力是伴随人们一生的生存技能，要想真的体会这一技能为学习和生活带来的改变，那就从打开这本书开始。真诚地希望此书能为读者带来系统性的知识、强化实操性的能力，使其在面对挑战和困难时，从容应对，笑对人生。

编　者

2021 年 7 月

本书课件

目录
CONTENTS

基层领导力与沟通管理

上 篇

领导力基础

第一章

领导力的概念界定

领导学是一个不断发展的学科，领导的概念也在持续不断的发展。本章力求勾勒出领导学中最关键的要素：领导是领导者与其追随者之间所形成的影响关系，他们基于共同目标寻求真正的变革。而弄清楚领导与管理、领导者与管理者以及领导者与领导力这三组词中每一个词的含义和它们之间的区别和联系，就是认识领导力的根本和关键。

案例导入

在30多年的发展过程中，华为经历过很多危机，包括初创期的生死之战、2001年通信行业的寒冬、孟晚舟事件、美国的制裁打压，等等。作为掌舵人，任正非就像一个灯塔，带领企业不断前行。

2000年到2012年，华为内部不断有员工出走，特别是大将李一男，他的离开让华为的研发严重滞后。同期，华为在外部也遭遇了对手的围追堵截，可以说是内忧外患。然而，任正非却临危不乱。在发表内部讲话时，他说："冬天也是可爱的，并不是可恨的。我们如果不经过一个冬天，我们的队伍一直飘飘然是非常危险的，华为千万不能骄傲。所以，冬天并不可怕。"

他还安抚员工："我们是能够渡得过去的，今年我们可能利润会下降一点，但不会亏损。与同行业的公司相比，我们的盈利能力是比较强的。我们还要整顿好，迎接未来的发展。"

1.1 领导与管理的关系

广义的管理是指应用科学的手段安排组织社会活动，使其有序进行，其对应的英文是 administration 或 regulation。狭义的管理是指为保证一个单位全部业务活动而实施的一系列计划、组织、协调、控制和决策的活动，对应的英文是 manage 或 run。而"领导"一词，英文为 leadership，其本义是带领大家朝着既定方向前进的行为，而领导存在的意义在于为实现组织的目标而努力。

领导只是管理中的一个职能。有时候在一个单位或企业，总觉得"领导"才懂管理，才实施管理，其实，管理的职能之一就是由上级管理者领导他人一起去完成组织的既定目标。

	管理	领导
提供指导	·计划和预算 ·最小化特定结果的风险 ·关注企业底线	·设定愿景和战略 ·机会最大化 ·把握方向
协调团队	·组织与人员配备 ·指导与控制 ·构建结构与命令	·构建重分享的文化价值 ·提供学习机会 ·鼓励合作与灵活性
培养关系	·投资于产品之上 ·利用职位的权力 ·让员工专注于特定目标	·投资于人员之上 ·利用个人影响力 ·以目标与信任来激励员工
提高个人素质	·感情疏远 ·专业的头脑 ·谈话 ·一致性 ·洞察组织	·感情亲近（心灵） ·开放的头脑（正念） ·倾听（沟通） ·非一致性（勇气） ·洞察自我（个性）
创造领导成果	·维持稳定：创造重效率的企业文化	·创造变革及灵活而正直的文化

图 1-1　管理与领导的比较

1.2　领导者与管理者的关系

领导者和管理者有本质的区别。首先，领导者领导靠的是影响力，管理者管理靠的是管理责权；其次领导者应有远见，能在未知条件下做出预判，而管理者是执行与遵守，同时还能把务虚的战略变成务实的战术；领导者在队伍前面示范，管理者在队伍中间控制；领导者给出方向，做正确的事；管理者寻找方法，正确地做事。

领导者是指担任某种领导职务、扮演某种领导角色并实现领导过程的个人或群体。领导者的工作就是确定方向、制定战略、激励和鼓舞员工，并带领全体组织成员创造更大的绩效。领导者还有一种解读：那些有自愿追随者的人。这一论断更是强调了领导者本人的情操、道德、能力和奉献精神。有研究表明，领导者（Leaders）往往是一个群体，他是由一个领头人（Leader），几个协同领导者（Co-leaders）和一群跟随者（Followers）组成的。领头人必须敢为天下先、勇于创新、敢于担当；协同领导者必须做到对领头人绝对服从，不折不扣地执行领头人的命令，还要带动其他跟随者一起为组织的目标努力行动；而追随者们，则通过他们的行动来体现对领导的态度和支持。一些传统观念认为领导者与众不同、高高在上。实际上，高效领导者的必备品质与高效追随者的品质是相通的，甚至他们会是同一个人，只是在不同的时刻扮演不同的角色而已。

1.3　领导者与领导力的关系

领导者不一定有领导力。领导力是每个人身上都可能具有的能力。如果我们善于发现自身所拥有的领导机会和管理才干，再加上多和具备领导力的人打交道，那么人人都可以成为领导者，而且可以带领其他人发挥团队的价值。领导者不是天生的，我们可能因为学历高、资历深而升职，也可能因为优越的技术水准、出色的业务能力上任。升任后，领导者不再是技术顾问，不能只靠自己的能力条件独善其身，而必须扮演领导者的角色。换句话说，担任领导的原因并不能保证其胜任领导的职务与工作，领导者如果不加强领导力的训练和培养，很有可能会陷入“彼得原理”的窘境。(彼得原理：在各种组织中，由于习惯于对在某个等级上称职的人员进行晋升提拔，因而雇员总是趋向于晋升到与其不相称的地位。)

【总结与回顾】

本章作为本书的开篇，重点从领导力的维度辨析了领导与管理、领导者与管理者、领导者与领导力的关系。领导是管理的四大职能之一，领导和管理有时会同时发挥职能作用；领导者和管理者一个务虚一个务实，一个带领团队做正确的事情，一个带领团队正确地做事；管理者会因为优秀而变成领导者，但是领导者不一定有相应的领导力，除非主动学习并训练相关能力。领导力不是天生的，也不是只有领导才需要具备的能力。

【自我技能测试】

你是一位卓越的领导者吗?

说明：思考一下作为一位团队成员你是怎么表现并且做出贡献的？根据你的实际表现来回答以下问题。

	基本符合	基本不符
1. 我提议制定清晰的团队目标。	______	______
2. 我发起面对面的关于团队目标的讨论。	______	______
3. 我建议采取正确的行为来提高团队表现。	______	______
4. 我帮助协调团队成员。	______	______
5. 我提前准备好会议相关事项。	______	______
6. 我遵守承诺。	______	______
7. 我是一位专业并富有活力的倾听者。	______	______
8. 我积极引导其他队员参与进问题的解决过程当中。	______	______
9. 我支持并且欣赏组员。	______	______
10. 我会因为别人出色地完成了任务而赞扬别人。	______	______

得分与解释

这些问题衡量了你对团队的贡献力度，涉及你对团队贡献的方方面面。通过以下几个角度分析你的得分，或许你能够找到做出最大贡献的最佳方式。

A. 目标设置：问题 1、2

B. 绩效管理：问题 3、4

C. 计划：问题 5、6

D. 解决问题的沟通：问题 7、8

E. 社会支持：问题 9、10

一个高效的团队需要每一个组员都要能做出贡献。一个团队要有分工合作，而不是让一个人承担所有职务。事实上，如果你对大多数问题的选择都是“基本符合”，那么你在一个团队中大多数时候是一位领导者。

A. 部分与目标和方向设置有关，这也通常是一位领导者需要做的事情；

B. 部分与绩效管理有关，这需要领导者和其他组员来协作完成；
C. 部分与你保持同其他队员的相互独立性有关；
D. 部分涉及沟通和问题解决的能力；
E. 部分与满足团队成员之间的关系需求有关。

【笔记栏】

第二章

领导力解读

案例导入

科学的领导方法，是完成领导任务、实现领导工作科学化的重要的和必要的条件。毛泽东同志曾指出：“我们不但要提出任务，而且要解决完成任务的方法问题。我们的任务是过河，但是没有桥或没有船就不能过。不解决桥或船的问题，过河就是一句空话。”毛泽东同志这个形象的比喻，生动而深刻地说明了提升领导力与方法对于做好领导工作、实现领导目标的重要性。

2.1 构建有影响力的领导力

1. 前瞻力

前瞻力由视野、战略、设计思维和价值预判四个维度构成。

视野不仅指一个人视力所及的范围，也指其思想或知识的领域边界。见多方可识广，有前瞻力的人必须立高行远，尤其不能因为个人视野的局限去限制团队成员的发展。

战略，是设计用来开发核心竞争力、获取竞争优势的一系列综合的、协调的约定和行动。如果选择了一种战略，组织即在不同的竞争方式中做出了选择。从这个意义上来说，战略选择表明了打算做什么，以及不做什么。个人的战略决策也是这个道理。领导者要有战略定力，本着“看十年、做一年”的长期主义，才能带领组织去获得竞争优势（Competitive Advantage）。此外，领导者也必须了解，没有任何竞争优势是永恒的。竞争对手获得价值创造战略的速度，决定了自身竞争优势的持久度。

设计思维是一种以人为本的解决复杂问题的创新方法，它利用设计者（领导者）的理解和方法，将技术可行性、商业策略与用户需求相匹配，从而转化为客户价值和市场机会。作为一种思维的方式，它被普遍认为具有综合处理能力的性质，能够理解问题产生的背景，能够催生洞察力及解决方法，并能够理性地分析和找出最合适的解决方案。这一能力往往是领导者的专属能力。

价值预判对于领导者的前瞻能力而言至关重要。它是关于价值的判断，是指某一特定的主体对特定的客体有无价值、有什么价值、有多大价值的判断。更直白地说，就是人们对各种社会现象和问题，做出的好与坏或应该与否的判断。由于这种判断与人们的价值观直接发生关系，所以被称为价值预判。价值预判要求领导者要有正确的价值观、世界观和大局观，要有辩证思维的能力和解决复杂问题的能力。

2. 引领力

引领力由商业道德、社会责任、社会贡献、可持续能力构成。

商业道德和社会责任是指领导者在商业领域中倡导建立经济效益与正义、人道相一致的理想秩序，它不仅能促进经济良性循环和持续增长，而且能使商业起到激励和促进个人满足需要、发展能力、完善自我的作用，并能将商业整合到社会整体协调发展的大系统中去。比如：制订商业计划，要遵循人之所需，尊重市场所需。自己都不能信赖的产品，何以销售给他人呢？制订用人制度、对外公关策略，要循人才之需，社会之需，自己都不满意的岗位制度，何以让他人称道？经营中的方方面面，皆如此理。所以，很多人借此演绎出“换位思考”“别人是自己的一面镜子”等这样的理念。

强调社会贡献和可持续发展的能力是领导力的重要组成部分。中国作为一个有领导力的国家，推进“一带一路”倡议、推动“构建人类命运共同体”，就是发挥中国在国际事务中的影响力的有效举措。

3. 实践力

实践力由授权与激励、团队协作、沟通能力等构成。

这是领导力构成维度中最具实操性的能力。这些能力和管理者的能力维度高度重合。授权是组织运作的关键，它是以人为对象，将完成某项工作所必需的权力授给部属人员。领导者将用人、用钱、做事、交涉、协调等决策权移转给部属，只授予权力，不可托付完成该项工作的必要责任，这是授权的绝对原则。组织中的不同层级有不同的职权，权限则会在不同的层级间流动，因而产生授权的问题。授权是管理人的重要任务之一。有效地授权是一项重要的管理技巧。

激励也是人力资源管理的内容之一。在工作上调动员工的积极性，激发下属的创造力，是领导者的最高层次目标。作为企业领导者，需要塑造激发员工创造力的环境和机制：创造一个鼓励员工开拓创新精神和冒险精神的宽松环境，构建思想活跃并倡导自由探索的氛围；建立正确的评价和激励机制，重奖重用有突出业绩的开拓创新者；强化企业内的竞争机制，激励人们去研究新动向、新问题，并明确规定适应时代要求的技术创新和管理创新的具体目标；要求自己和部下不断学习、更新知识，建立学习型组织等。

团队协作能力与领导者沟通能力密切相关。好的沟通是一个组织成功的关键。而领导力中重要的组成部分——有效表达、倾听、反馈、组织沟通、下达指令、绩效评估、会议、演讲、谈判、跨文化沟通、危机处理等这些技能都将在下面的章节里一一重点阐述。

2.2 成为有影响力的领导者

有影响力的领导者必定是组织中的典范，并能够打造出富有凝聚力的团队，一旦做出“要以不同角度思考管理者这个职位，愿意放下身段学习”的承诺，便能脚踏实地地实践，他们必须做到言行一致、良好的压力管理、主动承担责任、自我评估、保持坚定信念。

1. 领导者应言行一致

晋升到高层管理职位后，若要取得成功，需要更了解自己，更懂得身处的角色所拥有的权力，制订出更审慎的授权计划，并授予下属更多权限；此外，还要清楚地知道希望自己的行为传递出何种信息。

不光领导者本身是强有力的典范，领导者选择提拔到重要职位的人，也会向组织传达出强有力的信号，让大家知道他真正相信的价值是什么。若领导决定提拔的对象，和他向来宣扬的愿景与关键要务完全背道而驰，将会误导员工，每提拔一个这样的下属，就建立起一个负面典范，而他也逐渐丧失了打造优秀公司、推动公司前进的能力。

2. 领导者应学会压力管理

自觉与自我管理是职业生涯中的必备特质。这些特质在成为领导者时会显得格外重要，因为领导者会成为员工的观察目标。当情况特别困难、压力特别大时，员工就会像老鹰盯着猎物似的紧盯着领导者的一举一动。每个人的压力源不同，比如，他人出乎意料地离职、态度马虎、相互推卸责任、未能升职、资金亏损、被开除、开除别人、发生正面冲突、认为自己很笨、认为自己不受欢迎、感觉工作超负荷等。

缓解压力的行动可以很简单，比如减少咖啡因摄入量，好好睡一觉，定期锻炼或练习冥想；或在对眼前压力反应过度之前，先给自己一点儿时间休息一下，安排行程的时候留出更多放松时间，组成一个公司内外友人支援团；存钱以避免入不敷出；做公益或参加其他感兴趣的活动等。

3. 领导者应承担责任

领导者如果拒绝承担错误或处理问题，会带来非常负面的影响。当他拒绝负起责任、撇清关系或把责任推卸给别人时，问题就变得更严重了：这会给整个团队带来寒蝉效应，导致下属之间缺乏向心力，阻碍他们齐心协力解决问题。因此身为领导者，应该对自己及下属的行为负起责任。

4. 领导者应自我评估

领导者应时常对自己的能力进行评估，把握好自身优势与不足。可以时常问自己以下的问题：你真的了解自己的优势和不足吗？你可以把自己的优势和不足都列出来吗？你的同事会认同你所写的内容吗？如果你是资历尚浅的专业人才，你周围有没有其他同事或资深同事兼教练来协助你完成这个练习？如果你已经是资深领导者了，你有没有培养出资历尚浅的员工兼教练来帮助你回答这些问题？你有没有采取什么方法克服弱点，好好利用你的独特优势呢？ 对自己优点和缺点的掌握，是一个永无止境的学习过程。每当更换一份新的工作时，这份自我评估就应该更新一次。

5. 领导者应保持信念

许多各层次的管理者未能在职位上充分发挥潜能，原因不是他们的自信心不足，而是他们对组织没有信心，也就是说他们根本不相信组织会对他们的付出给予等价回报，这种想法往往拖延了他们的工作进度，阻碍了个人的成长，最终将削弱他们对组织的贡献。他们会根据自己未来将得到何种回报，决定该采取何种行动。他们采取行动之前，心中往往会想：他们会因此受人赞赏吗？会被加薪吗？有助于升职吗？在关键人物看来够不够体面？因此他们较难跳出“对自己有何好处”的思维，无私地为他人付出。

【总结与回顾】

一个优秀的领导者一定是一个有影响力的人，影响力的三个维度分别是前瞻力、引领力和实践力。有影响力的领导者应该以身作则，成为团队的典范。

【自我技能测试】

你的领导方向

说明：这个问卷要求你描述作为领导者的自己。对于以下的每一项，对形容你最贴切的短语给出分数“4”，稍有偏离的依次给出分数“3”“2”，形容最不贴切的给出分数“1”。

1. 我最强的技能是

______a. 分析技能

______b. 人际交往技能

______c. 政治技能

______d. 表演天赋

2. 形容我最贴切的是

______a. 技术专家

______b. 好的聆听者

______c. 技术高超的谈判者

______d. 鼓舞人心的领导者

3. 对我的成功帮助最大的能力是

______a. 做好的决策

______b. 指导和训练人员

______c. 建立强大的联盟和权力基础

______d. 鼓舞和激励他人

4. 人们最有可能注意到我

______a. 注重细节

______b. 关心他人

______c. 成功应对矛盾和冲突的能力

______d. 很有魅力

5. 我最重要的领导力是

______a. 合理清晰的见解

______b. 对他人的关心和支持

______c. 性格强韧和进取精神

______d. 想象力和创造力

6. 对我最好的形容为

______a. 分析家

______b. 人道主义者

______c. 政治家

______d. 有远见卓识的人

得分与解释

按照如下方式来计算分数：

结构性=la+2a+3a+4a+5a+6a=

人力资源=lb+2b+3b+4b+5b+6b=

政治=1c+2c+3c+4c+5c+6c=

象征=ld+2d+3d+4d+5d+6d=

你的答案显示了你在四种独特领导方向或参考架构中的倾向，得分越高，偏向程度越大。

“结构性”意味着把组织视为一个有着高效率可到达成功的机器。“人力资源”意味着从根本上把组织看作一群人，为了成功，领导者要善待这个家庭。“政治”意味着把组织看作争夺资源的赛场，为了成功，领导者要建立联盟。“象征”是把组织视为具有共享意义和价值并且借由塑造文化来取得成功的系统。

大多数新的领导者，首先是通过运用结构性和人力资源这二者之一，或二者皆用，才最终获得成功。但新的领导者在政治方面总是有盲点。随着管理者向更高的等级晋升，他们要学会变得更加政治化，否则就会错失良机，无法做出重要决定。象征框架通常会在领导者的发展后期产生重要作用。

【笔记栏】

第三章

领导力变革

案例导入

2017年清华大学中国农村研究院“百村调查”数据显示，有43%的村民认为村庄“一把手”对于村庄的发展没什么贡献，44.2%的村民认为现任村“一把手”很少能提出新的想法，37.1%的村民认为村“一把手”不能严格地落实相关政策。从这些宏观数据上看，农村基层干部的领导力有待提高。经过进一步分析发现，农村基层干部领导力不足主要体现在三个方面：一是思想观念差，跟不上农村发展的步伐，对于新理念、新政策的理解和接受能力弱；二是学习能力差，对于新的治理技术如“互联网+政务服务”、大数据信息管理平台等掌握能力不足，甚至普遍存在不会使用电脑的情况；三是执行力不强，不能及时准确地把各类涉农政策落实到基层。为了深入贯彻落实乡村振兴战略规划，基层干部必须切实提高领导力。

3.1 变革的框架

在领导一个重大变革项目时，领导者必须认识到，变革过程是分阶段进行的，每阶段都非常重要，同时每一阶段可能需要大量的时间。图 3-1 解释了由约翰·科特（John Kotte）提出的帮助领导者实现变革的模型。

作为领导者，必须具备灵活可变的个人特质。要想提高面临重大变革的成功率，可以按照文中的八阶段模型，且需要针对每个阶段投入必要的时间、精力和资源来训练以求得改善。

（1）为变革做准备。领导者要与众人沟通变革的紧迫性，在某种程度上触动人们的情感，换句话说，他们要帮助人们感觉到开展变革的迫切性，而不仅仅是摆出冷冰冰的事实和列举数字。

（2）建立领导者联盟。考虑到变化的复杂性，没有哪个单独的人可以轻易实现变革。成功的变革，需要建立一个强大的领导者联盟，这样才能够在面对变革时拥有共同承诺的必要性和可能性。他们有足够的权力以确保变革的发生，同时他们可以使组织成员接受改变。

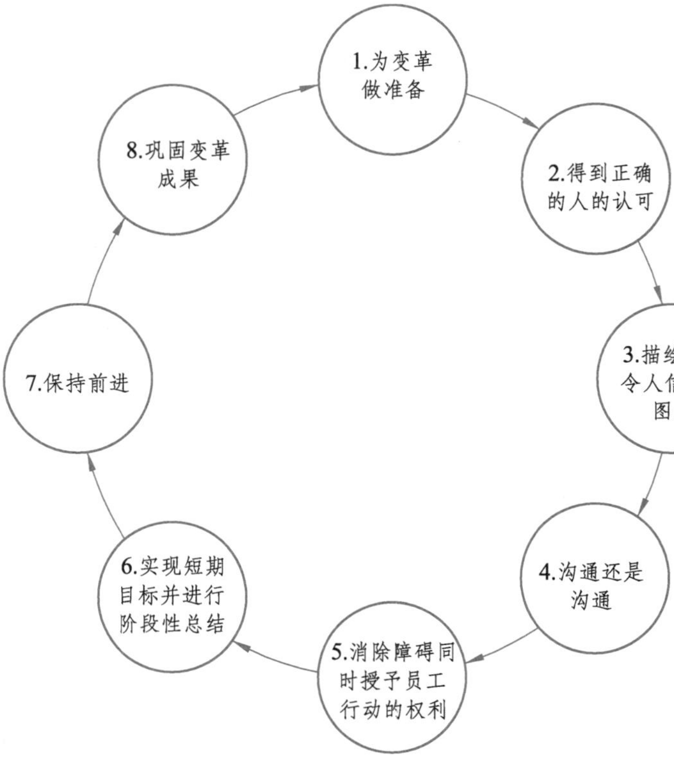

图 3-1　规划组织变革的八阶段模型

（3）描绘令人信服的愿景。人们需要一个清晰的愿景和一套实现愿景的策略来激励他们相信一个更美好的未来是可能的，并且他们可以通过自己的行动实现它。

（4）沟通，沟通，还是沟通。变革会使每个人都心存疑虑和不确定感，而当人们感到焦虑的时候他们并不能认真地倾听，因此领导者应该和组织内部保持沟通，一次次倾听人们的想法，帮助他们清除顾虑。另外还要记住，行动胜于语言。变革型领导者会将自己的行为调整成组织成员需要的形式。

（5）消除障碍同时授予组织成员行动的权力。领导者根据组织成员的时间、知识、资源和决定权来采取行动，让变革发生。

（6）实现短期目标并进行阶段性总结。人们需要看到自身努力后得到的积极的结果，否则他们在重大变革中的精力和动力可能减弱。领导者应确定一些短期的成果，高度可见的和成功的短期成果会促进变革的可信度,同时能刷新每个人的热情和承诺。

（7）保持前进。不要沉浸在短期的成果中。一项研究表明，近 50%的变革最终崩溃只是因为缺乏持续关注。领导者应在早期成果中建立信誉，并促使这种变革继续发展。

（8）巩固变革成果。在这个阶段，领导者寻找方法使新方法制度化，努力将新价值和模式集成到每一名组织成员的工作习惯之中。

变革过程的阶段大致相似，但每一个阶段对于成功的变革都是至关重要的。在处理重大变更工作时，领导者可以使用以上八个阶段变化过程为成功提供坚实的基础。

【沟通小贴士】

先明确你有哪些地方需要改变，再遵循八阶段模型来逐步训练来实现，目标和方法同样重要。

3.2 变革中的领导创新

美国管理协会（American Management Asociation，AMA）对 500 名 CEO 就“为了在 21 世纪生存，我们必须做什么”这一问题进行了调查，排在第一位的回答是“发挥创造力，不断创新”。

有效的领导者在最需要的部门容易提升创造力。例如，一些组织如医院、公益组织等，可能在程序上需要经常改变，领导者可以借此提高行政人员的创造力。有创造力的人想出的方法会更好地满足需求，可以解决问题或者对机会做出回应，因此被组织采纳。但是，创造是一个过程而不是一个结果，当下领导者最重要的任务之一就是驾驭所有组织成员的创造力/创新精神。

1. 逐步灌输创造价值

领导者可以创造一个鼓励创新和变革的环境，通过培养有创造力的文化和促进合作，在组织中传播创造力的价值。

（1）培养有创造力的文化。

为了使对组织有益的创新行为不断涌现，所有人的利益和行动都应该与组织的愿景、目标和策略保持一致。领导者应当做出时间、精力和资源上的承诺来支持创新。一个越来越流行的做法是使用创意孵化器。创意孵化器为组织成员提供了一个安全港湾，使这些创意能够得到发展而不会受到组织机制或活动的影响。

（2）促进合作。

尽管个人有很多创造性的想法，但是当人们一起工作的时候创造力会更加高涨。聪明的领导者不会让人们固守在部门内部，他们总是试图打破部门界限，促进沟通合作。例如，英国工程服务公司奥雅纳集团（Arup Group），发明了一种线上“知识地图”。这种“知识地图”展示了公司不同领域的专业知识，各部门和员工可以就重要信息流在该地图上进行互相关联、彼此沟通。

一种促进一对一合作的途径是“头脑风暴”。该方法使用一种类似循环赛的方式让来自不同部门的人一起讨论，形成具有创造性的想法。大家被分成两人一组，并且都是和来自不同部门的人进行组合。每个小组会获得一个题目，在接下来的 3 ~ 5 分钟之内要快速产生一个由二者合作来得到的创意。活动的最后，每个参与者可以与几个不同的人形成创意合作的关系。“头脑风暴”可以成为一种丰富现有合作方式的有趣体验。

2. 领导创新人才

许多组织试图通过雇用创新人才来鼓励改变和变革。但是最近有关创造性研究显示，任何人都可以通过学习变得富有创造性并且可以通过练习变得更好。也就是说，每个人都有一定程度的创新潜力。领导者可以采用如图 3-2 所示的方法，通过促进头脑风暴、培养横向思维、提供浸入式体验、允许暂停以及鼓励创造性直觉帮助个人变得更有创造性。

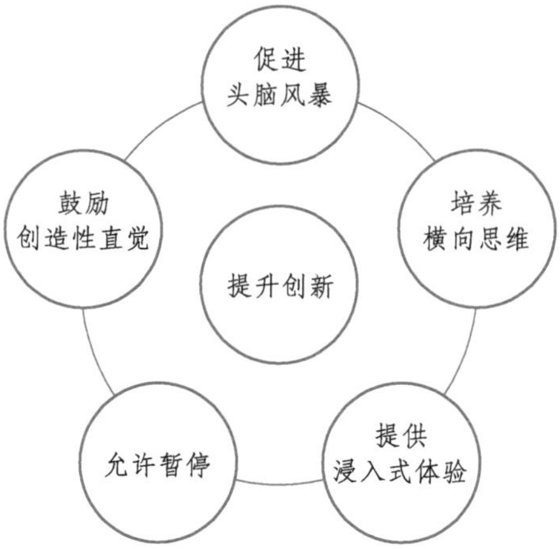

图 3-2　使人们更有创造性的方式

（1）促进头脑风暴。

激发创造力的一个普遍方法是建立专注于特殊问题或主题的头脑风暴会议。假设你所在的组织正面临难题，例如，如何加快疫情安全排查速度等。头脑风暴以面对面互动小组的形式，自发引导大家形成广泛的创新想法去解决问题。

（2）培养横向思维。

大部分人的思想都遵循类似线性的模式，即从一点到另一点。人们使用线性思维时，只会从某个需要的问题或想法出发进行思考。相比之下，横向思维更具创造性，可以用于改变陈旧的思维方式和认知方式，建立全新的思维方式和认知方式。人们进行横向思维时，会试着“旁敲侧击”，尝试用不同的认识、理念和切入点来找到解决问题的新方法。

为了刺激横向思维，领导者给部下提供各种机会来利用大脑的不同区域，从而产生新的创造性的关联。人们如果暂时停止思考某个需要解决的问题，转而去做其他事情，就很可能会刺激大脑的其他区域开始工作。问题的答案也许不能在大脑正在工作的区域中找到，反而会在人们受新经验刺激开始活跃的另一区域中找到。

【沟通小贴士】

艾利克斯·奥斯本（Alex Osborn）于 1939 年首次提出头脑风暴法，并发展了许多创新技巧。其中一个非常有效的技巧是如表 3-1 所示的广泛用于激发横向思维的清单。

表 3-1 横向思维检查列表

动词	描述
用于其他方面？	作为一种新方式去使用它？修改之后用于他处？
适合？	还有什么是这样的？这意味着什么其他的想法呢？
改动？	改变意义、颜色、动作、声音、气味、形式、形状？其他改变？
放大？	有什么要减少的：消除？更小？更慢？更低？更少？更轻？分裂？更低的频率？
替代？	由谁替代？用什么替代？其他地方？其他时间？
重新安排？	其他安排？其他顺序？改变步骤？
逆转？	颠倒积极和消极？对立面怎么样？转换成反面的？把向上的转为向下？颠倒角色？
结合？	一个融合、合金、品种、合奏怎么样？结合单位？结合兴趣？结合想法？

（3）提供浸入式体验。

横向思维可能被视为“跳出思维框”的思想。而浸入式体验则是深入各区域或主题来激发个人创造力，也被称为“框内思维”，意味着集中注意力浸入到具体的情况或问题的内部。人们可以将一个问题、情况或过程，分解成多个组成部分，利用不同寻常的方式来操纵组件，可以创建一个有价值的新思路。

（4）允许暂停。

一些好的想法往往产生在人们休息时刻，即远离正在解决的问题时，或者是改变正在做的工作时。暂停会激活大脑的不同区域。最近的一项有关创新的研究表明，想要解决问题往往需要一个人停止试图解决一个问题，让心游荡。“当你很难集中你的注意力时，你就会错过想出新点子了。”詹妮弗·威利（Jennifer Wiley），芝加哥伊利诺伊大学的一位心理学教授如是说。

在被问到“在哪儿以及什么时候你会想到最好的点子？”时，人们最普遍的回答是“在洗澡的时候”。如果一个人能在洗澡的时候放空自己，让大脑停顿片刻，那么他就有可能在这数十分钟里灵光乍现，获得很多创意。人的左脑负责分析，而右脑更注重直觉。放松状态的“暂停”就是让左脑暂时休息而让右脑发挥作用，利用潜意识解决问题。

（5）鼓励创造性直觉。

实际上，领导者想要唤醒的创造性洞察力是创造力的第二阶段，而创造力的第一阶段是数据采集。在这一阶段，人的大脑不停地收集信息，特别是当人们在分析待解决问题的背景资料时，这种活动最为明显。随后，创造性洞察力会如直觉般从潜意识深处迸发出来。因此，在利用直觉分析问题时，所触及的领域要远远超过任何只针对当前问题的分析过程。

3.3 实施变革

领导者经常将创新、变革和创造作为增强组织实力的方式，但许多人认为变革带来的只有痛苦和破坏。想要领导人们顺利适应变革，很重要的一点是要理解人们对于变革产生抵制是很自然的，抵制变革的理由很多时候是合乎情理的。

1. 帮助人们改变

许多领导者难以理解为什么对于许多人来说变革如此困难。殊不知，一旦开启新事物，就意味着旧事物的终结，对于大多数人来说，放弃当下珍惜的东西总是很难，即使人们希望获得新事物。比起关注新的开始和变革带来的好处，人们的情感总是会依旧牵绊在当前的情形以及可能会失去的东西。

行为的改变取决于人们对于情境感情的改变。人们在拥抱新事物之前必须在心理上和情感上都对旧事物放手。图 3-3 展示了人们在成功完成改变的过程中所需经历的阶段。帮助某人进行改变，首先需要处理他与要结束的旧事物之间的感情，而不是否认这些感情或者试图让人们停止这种感受。之后，人们会进入中立区，在这个阶段人们已经放弃了旧事物，但是还没有准备好去迎接新事物。最后，进入新的开始阶段。如果没有处理好与旧事物的关系，人们不会进入到这个阶段。

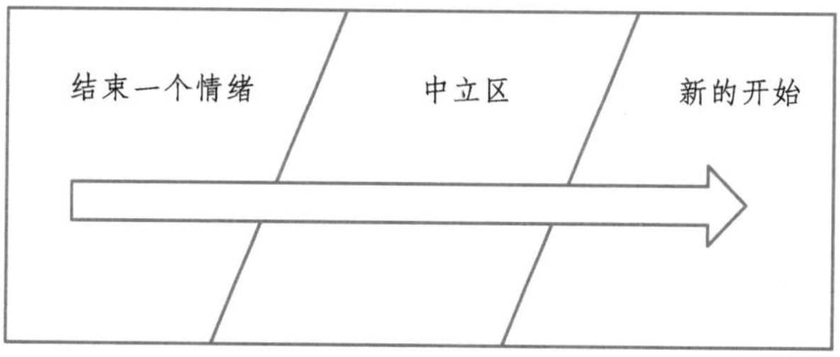

图 3-3　改变的过程

2. 帮助人们改变的方法

改变人们的思维和行为很难，但是存在一定的可能性，达到此目的的关键在于利用好以下五大要素：

（1）提供积极的情感引力。积极的情感引力可以唤醒一个人对未来的希望和梦想，使得人们关注变革的可能性，而不是集中在试图“修复”弱点或缺点上。人们学习和改变，是因为他们想这样做，不是因为他们应该这样做。这意味着他们需要一个可以鼓舞人心的愿景。

（2）确保辅助性的关系建立。领导者帮助人们建立新的、带来希望的情感关系，使人们相信他们有能力去改变，并激励人们期望发生改变。

（3）重复新行为。人们需要一遍又一遍实验和练习新技能的机会，从而使新习惯固定下来。

（4）使人们早早参与进来。当人们参与帮助设计变革，他们将更投入于此。尽管这种方法耗工耗时，但它能增强人们对于变化活动的控制感。他们能更好地理解变化，并致力于使其成功实现。

（5）应用事后评估策略。事后评估指的是评价变革活动的后果，哪部分有用，哪部分没用，得到了什么教训。在每次重要活动中——无论是实战还是模拟训练，人们都应花 15 分钟来讨论 4 个重要问题：应该发生什么？实际发生了什么？什么导致了这些不同？我们能学到什么？

当今环境下变革的性质和速度可能会非常令人振奋，但也可能会导致不便、痛苦，甚至是恐惧。智慧的领导者可以引导人们渡过变革期并使之成功。

【总结与回顾】

变革是组织管理中必然会发生的事情。领导者在面临变革时，要在最需要的部门提升创造力和创新实践。当今领导者的最重要的任务之一就是驾驭所有员工的创造精神。在实施变革的过程中，要提供积极的情感引力，确保辅助性的关系建立，使用重复、参与和评测等方法来帮助他人改变。

【自我技能测试】

你是一位变革型领导者吗？

说明：仔细思考你目前或最近的全职工作。根据你在工作中的观点和行为请回答以下 10 个问题，指出每一条对你来说是基本符合还是基本不符。

	基本符合	基本不符
1. 我常常试图采用改进后的程序做我的工作。	______	______
2. 我常常为了高效而改变我的工作。	______	______
3. 我常常试图改进工作小组或部门的工作流程。	______	______
4. 我常常试图建立一个新的工作方法，以更有效地为部门服务。	______	______
5. 我常常试图改变组织中无效或起反作用的规则或政策。	______	______
6. 我经常对提高组织内部如何运作提出建设性的意见。	______	______
7. 我常常试图改正错误的流程或实践。	______	______
8. 我常常试图消除冗余或不必要的程序。	______	______
9. 我常常试图实现解决紧迫的组织问题。	______	______
10. 我常常试图引入新的结构、技术或提高效率的方法。	______	______

得分与解释

请把标记为“基本符合”的题目数量相加，得到你的分数。

这个题目测试出了人们在工作场所的领导变革的程度。变革型领导者也被看作变革发起者。得分高于 7 分说明你有很强的负责领导变革的愿望。得分为 3 分或 3 分以下则说明一种希望别人负责领导变革的态度。

在变革型领导者通过图 3-1 中的模型支持大规模的变革计划前，他们通常先在自己负责的工作范围内着手进行变革。你在工作或生活中会负责领导变革吗？把你的分数与其他人的进行比较，有什么不同吗？你认为自己是一名变革型领导者吗？

【笔记栏】

下　篇

管理沟通基础

第四章

管理沟通视频

管理沟通的概念

案例导入

今天，老张得知自己担任了近 5 年的村民代表被提出罢免并投票通过时，一脸的愤愤不平，几乎情绪失控。

老张工作不到位的最大原因是不专心听人说话。每次村里召集村民代表开重要会议的时候，每个村民代表都是竖着耳朵认真听，迅速地把任务列入自己的工作计划，会后立刻行动着手完成自己的任务。

可是，老张“聪明地”利用开会时间看直播、刷新闻、回复微信等。用老张的话说，会有什么好听，只要看一下村里发的会议记录就行了。

老张经常不等人家把话说完，他就立刻说：“我知道了。”

当有人想跟给老张提点建议时，老张马上反驳说：“不是这样的。”

村里凡是和老张有工作交集的人，往往都对他不太放心。因为他总会丢三落四，等你质问他时，他则反问：“你有说过吗？”

4.1 管理沟通的概念

老张的例子充分说明，沟通对于个人发展、事业的成败而言非常重要。

管理学之父彼得·德鲁克曾做过一项实验，他在全球范围内找到不同类型的组织样本千余个，最后得出这样的结论：无论是什么样的组织，其内部实验表明,工作中69%的问题、矛盾、症结、焦点来自沟而不通，如果沟而相通，那么这个组织必定成功；沟而不通，则只会走向失败。彼得·德鲁克的实验证明了沟通对于组织来说也非常重要。

一句话：在工作中，沟通对于个人和组织都有着非同寻常的重要性。

沟通在我们的生活和工作中随处可见，当我们与别人进行了信息交流时我们就进行了一次沟通。沟通是如此日常的事件，那么我们到底有没有真正地深入了解过它的可能性呢？沟通有哪些形式和类别？沟通的主体是什么？沟通究竟对我们的生活与工作带来怎样的影响？换言之,我们是否真正理解沟通的含义呢？这是值得思考的问题。

松下电器创始人松下幸之助曾言：“管理，过去是沟通，现在是沟通，未来还是沟通。”

由此可见，沟通对于管理者而言是一种必须掌握的能力，学会进行有效的沟通有助于在管理上取得一定的优势。因此，从管理层面来看，我们首先得弄清楚真正的沟通到底是什么以及沟通的重要性体现在哪些方面。

1. 沟通的概念

沟通的含义，可以从沟通二字的结构来解析。

首先来说说“沟”字。“沟”字是左右结构，左边偏旁是三点水，这三个点可以看作代表沟通的三种方式：书面表达，口头表达以及非语言表达。非语言表达又分为副语言和身体语言，而身体语言又分为静态的，如着装、服饰，以及动态的，如肢体动作、各种手势等。

“沟”字的右边是一个“勾”字，可以理解为“勾兑”的意思。而勾兑作为一个工业酿造行业的专有词汇，有两个关键点：一是一定要设定标准，比如要勾兑 52°的白酒，要设定勾兑酒的度数、香味、构成等标准；二是标准设定后要交互、动态、反复进行，直到标准达成。“交互”意味着共同参与，“动态”表明随时在变化，“反复”则指要多次重复进行。沟通中的“沟”就是这个道理：沟通双方使用三种不同的沟通方式，首先设定每一次沟通的标准，标准设定后双方积极参与、动态调整、反复进行地来开展交流。

而沟的目标是“通”。是否“通”，验证的标准只有一条：沟通双方是否达成思想统一和行为一致。很显然，这两条都很难达成，这也是为什么沟通往往很难。“沟”是过程，“通”是结果。“沟”是达到“通”这一境界的桥梁，“通”则是“沟”的最终目的。

2. 管理的概念

管理是指管理者，通过实施计划、组织、领导、协调、控制等职能来协调他人的活动，使别人同自己一起实现既定目标的活动过程。它是人类各种组织活动中最普遍和最重要的一种活动。

从管理的实践角度，可以进一步对管理这两个字做深入地解读。

首先是管。说到管的时候通常会提到“主管”，主管这个词可以理解为，在组织管理中主要的事情才管，不主要的不管。而组织中主要的六个维度是人、财、物、技、讯、时。管对应的动作是计划、领导与控制。“管”强调的是个人的能力。其中，会管的人要会计划。计划什么？计划目标、计划过程、计划预算和计划结果。会管的人要能领导，领导是要带领其他人一起做。何为领导：领，是带领，指的是方向；导是引导，指的是方法。一个会领导的人，一定是既有方向又能引导部下一起完成团队目标的人。会管的人还要善于控制，控制什么跟计划什么紧密相关——控制目标、控制过程、控制预算、控制结果，这才是管。懂得这个道理并实际操作的人，才是好的主管。

其次是理。一说到理，人们常提到“经理”，可以理解为一项工作进程中，经过自己部门的时候才要理，不经过自己的部门，就不需要理。一个理字，明确了管理机构中的组织条块职能的划分，内部上下层级的界定。理对应的动作也是三个：组织、协调、沟通。会理的人，首先要会组织资源，资源就是上面所述人、财、物、技、讯、时这六大要素，在这里，管和理自然交融了，这也是管理不分家的原因。其次，会理的人必须会协调关系，关系有三对：上下关系、左右关系、内外关系。最后，会理的人要善于沟通。沟通是管理的载体，是提升和优化管理效率的关键，更是人生不可忽略的生存技能。会沟通、善沟通，才能事半功倍。

3. 管理沟通的概念

所谓管理沟通，是指为了达到管理的目的或目标而进行的所有沟通行为与过程。管理的过程，也就是沟通的过程。管理沟通就是通过三个方面的管理来实施和展开的。首先是管理好沟通的主体。沟通的主体一般称为发讯人，往往是自己，要做好沟通，必须做好自我的管理。彼得·德鲁克说过：“一个优秀的管理者首先是一个优秀的自我管理者。”自我管理包括印象管理、知识管理、情绪和压力管理，还有个人的时间管理等维度。只有不断强化自我管理，才能让我们在沟通前做好充分准备，应对不同的沟通客体。管理沟通的第二个职能就是管理好沟通的客体。客体就是对象，对象不同，沟通的方式、方法、内容、情绪、语气都不一样，要在沟通过程中慎思明辨，小心为之。管理沟通第三个职能最为重要，就是要管理好沟通的方法。方法大都是好方法，但是要根据不同的沟通主体和客体的差异去调试、匹配。管理的核心就是管方法。方法是否正确可以通过经济性、适用性和控制性三个方面来验证。

印象管理视频　压力管理视频　时间管理视频

总之，沟通的认知、理念、方式和方法都很重要。这也是整个课程的核心内容。

4.2　沟通的方式

在沟通中的表达方式主要分为三种：书面表达、口头表达和非语言表达。各语言表达方式的主要形式如表 4-1 所示。

表 4-1　语言沟通的类型

书面表达	口头表达	非语言表达
书信	一对一（面对面）	手势
用户电报	小组会	眼神
出版物	讲话	表情
传真	电影	姿态
广告	电视/录像	服装
网络信息	电话（一对一/联网）	语调
报表	无线电	形象
电子邮件	视频会议	社交距离

1. 书面表达

书面记录具有有形展示、长期保持、可做法律防护依据等优点。因为白纸黑字、言之凿凿，落笔之后不可更改，所以下笔之前必须深思熟虑，因此，书面语言显得更加周密、逻辑性强、条理清晰，且减少了情绪、他人观点等因素对信息传达的影响。但是，书面表达也存在缺陷。同等时间的交流中，口头比书面所传达的信息要多得多。事实上，花费 1 小时写出来的东西，只需要不到 15 分钟就能说完。书面表达的另一个缺陷是没有即时的信息反馈，缺乏这种内在的反馈机制，其结果就是无法确保所发出的信息能被接收者接收到；即使接收到，也无法确保接收者对信息的解释正好是发送者的本意。但是好的书面表达往往带着本人的信息甚至气息，直达人心，有着不可替代的作用。

2. 口头表达

作为最常用最普遍也最容易出错的表达方式，口头表达的特点是快速传递、鲜活多样、即时反馈；在这种方式下，信息可以在最短的时间内被传达，并在最短的时间内得到对方回复。如果接收者对信息有疑问，迅速的反馈可以使发送者及时检查、修正。但是口头表达容易张口就来、说了不算。当信息经过长途传达到终点时，其内容往往与最初的含义存在重大偏差。如果组织中的重要决策通过口头方式，沿着权力链上下传递，则信息失真的可能性相当大，大部分沟通中的误解、内耗、低效都来自口头表达，这样本来该省时的也就不省时，反而是耗时了。

3. 非语言表达

非语言表达包括副语言和身体语言，是与口头表达相辅相成的一种语言表达方式，隐含着丰富的信息。有人说：在言语只是一种烟幕的时候，非言语的信息往往能够非常有力地传达“真正的本质”。其中副语言指的是语言学中“嗯、啊、哎、呀……”这些看似没有意义但是却在语用表达上颇具意味的语气词。副语言的使用有两点：一是不能没有。没有副语言的修饰，一个人的语言会没有特点，没有感染力；二是不同的语气、语调表达，没有对错之分，只是意味不同而已。换言之就是发讯人想表达的真实意思，需要接收信息的人体会、揣摩。

身体语言包括静态和动态。静态的肢体语言包括一个人的服饰、配饰等外显的形象。一个人的服饰、配饰在很大程度上体现了一个人的阶级、阶层、职业、收入、审美等。所以，主动管理好自己的形象是印象管理的核心，要有意识地增加或减少外在的配饰配件，做一个明明白白的沟通者。

动态的肢体语言，狭义上是指人的表情、动作、手势等。人与人交流中，动态肢体非常重要，每一个不经意的小动作都可能代表不同的意义。早在查尔斯·达尔文开始研究肢体语言之前，1872 年他就曾写过一篇题为《人和动物情感表达》的文章。他认为能读懂肢体语言无论对学习和工作都很有用。国际上著名的心理分析学家、非口头交流专家朱利乌斯·法斯特曾写道：“很多动作都是事先经过深思熟虑，有所用意的，不过也有一些纯属于下意识。”也就是说，人的思维或认知过程会受到身体的影响。同时，一个特定的动作也可能与一种认知或情感状态相联系。

广义的动态肢体语言，是希望管理者在实施管理的过程中，能有意识地主动地下场管理，走到老百姓面前、走到基层的真实环境里去。这样的好处是，不但可以延长管理手臂、拓展管理者的管理空间，还能打破管理常规，给人更加主动、亲和、有效的印象。

因此，卓有成效的管理者，除了需要熟练掌握沟通管理技巧之外，还需敏锐捕捉、准确识别对方在沟通中通过各种非语言因素流露出来的语言信息和非语言信息，以顺利达成沟通目的。

4.3 沟通的过程

沟通的过程是指信息发送者借助语言、文字、动作及表情等载体，将知识、思想、情感等信息送达信息接收者的过程，它由一个个关键环节构成，其中，各个沟通环节的要素主要包括信息发送者、编码、通道、译码、反馈以及信息接收者六项，如图 4-1 所示。

1. 信息发送者

信息发送者是沟通过程中主动发送信息的一方。信息发送者首先确定沟通的对象，选择沟通目的，开始沟通过程。进行有效的沟通前，沟通发送者应明确需要沟通的信息，并将它们转化为信息接收者可以接受的形式。

2. 编码

编码将信息转换成可以传输的信号的过程，这些信号或符号可以是文字、数字、图画、声音或身体语言等。信息发送者必须将信息编码成接收者可以解码的信号。也就是说，信息发送者发送的信息与信息接收者接收的信息必须一致。信息在编码过程中将受到发讯者的技能、态度、知识和社会文化程度等的影响。如果编码的信号不清楚，将会影响受讯者对信息的理解。

3. 通道（传递）

传递是信息发送者将代表信息的信号传送给接收者的过程。由于选择的符号种类不同，传递的方式也不同。传递的方式可以是书面的，如信、备忘录等，也可以是口头的，如交谈、演讲、电话等，甚至还可以通过身体动作来表述，如手势、面部表情、姿态等。

4. 译码

译码是信息接收者将获得的信息信号进行解码、翻译为可理解信息的过程。信息接收者在译码的过程中，需要将信号与经验、知识、文化背景相结合，才能使获得的信号转换为正确的信息。如果解译错误，信息将会被误解或曲解。沟通的目的，就是信息发送者希望信息接收者能根据其所发出的信息做出相应的反应并采取正确的行动，如果不能达到这个目的，就说明产生了沟通障碍。

5. 反馈

反馈是将信息返回给信息发送者，并对信息是否被接受和理解进行核实，它是沟通过程的最后一个环节。同时，信息发送者根据核实的结果再发出信息，以进一步确认所发出的信息是否已经得到有效地编码、传递和译码。通过反馈，才能真正使双方对沟通的过程和有效性加以正确把握。

6. 信息接收者

信息接收者是沟通过程中接收信息的一方。在沟通的不断循环过程中，信息的发送者与信息接收者的身份会不断改变，特别是在双向沟通中，无论哪一方，都既要充当信息发送者，又要充当信息接收者。

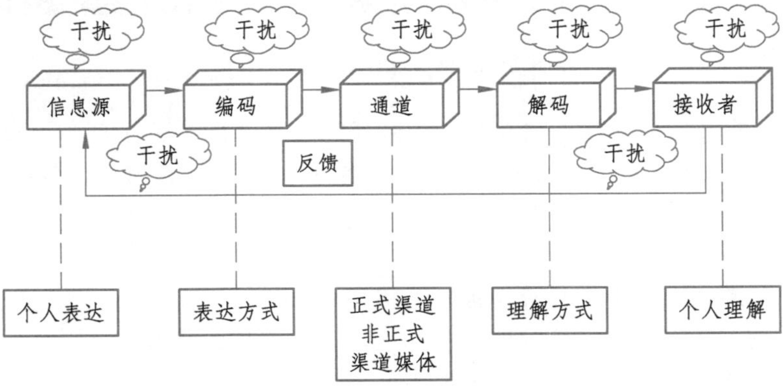

图 4-1　沟通路径概览

【沟通训练】

小徐是村民委员会的办事人员，平时工作主动积极，且效率高。一天早晨，小徐刚上班，电话铃就响了。为了抓紧时间，她一边接电话，一边整理有关文件。这时，村民老魏来找小徐。小徐正忙着接电话，就在纸上写下“等一会”，于是老魏就站在桌前等着。只见小徐一个电话接着一个电话。最后，老魏终于等到可以和小徐说话了。小徐头也不抬地问他有什么事，并且一脸严肃。然而，当老魏正要回答时，小徐又突然想到什么事，与同室的小钱交代了几句……这时的老魏已是忍无可忍了，他发怒道：“你们就是这样对待老百姓的吗？”说完，他愤然离去……

【总结与回顾】

沟通不但对于组织而言非常重要，对于个人而言也是基本的生存技能之一。本章从什么是沟通、什么是管理、什么是管理沟通三个层面解构了沟通这一学科的基本内涵和学习关键。沟通的三种基本方式各有优缺点，只有熟悉沟通的形式和特点，才能选择恰当的方式来开展沟通。沟通的“沟”更多指的是过程，在这一过程中，沟通双方必须交互、动态、反复地进行交流，直到“通”了为止。作为“沟”的目标和结果，“通”了与否有两个标准：思想统一、行为一致。沟通的过程是复杂的信息流、情感流在诸多干扰下艰难传递和双向解读的过程，因此，避免干扰、避免信息传递过程中的变形、衰减，是沟通双方都要努力的方向。

【自我技能测试】

你是否有对管理沟通给予足够的重视？

对于下面的每一个问题，请选择一个恰当的数字进行描述：

1—非常不符合；2—比较不符合　3—基本符合　4—比较符合　5—非常符合

1. 我会与同事因为意见不合而起争执、闹矛盾：_____
2. 我常会因为不懂礼节而被别人提醒、教导：_____
3. 我不是很清楚电子邮件、通知、书信有怎样的规范:_____
4. 我常常不知道该如何与不熟悉的人发起话题：_____
5. 在团队任务中，我常常保持沉默。即便内心有想法，也会犹豫不决，难以表达：_____
6. 当我在一场会议后有困惑时，很少去主动询问别人：_____
7. 我害怕在公共场合表达自己的想法：_____
8. 我常会在与人沟通的过程中感到紧张或窘迫：_____

得分与解释

将你所填写的所有数字加总得到你的测试分数。

分数越高，说明你在日常生活中的沟通积极性和得体性越低，越需要对沟通给予重视。如果你在生活中常常遇到各种麻烦，不妨从每一次沟通开始回忆、复盘，这或许可以帮你积累很多宝贵的经验。

【笔记栏】

第五章

管理沟通的理念

案例导入

1995年，美国普林斯顿大学心理实验室做了一个实验，在全美召集了一万名职场新人参与，五年之后对这一万名参与者进行访问，得出一个结论：一个人事业上的成功75%取决于他的人际关系与沟通能力，仅有25%取决于他的专业知识和技能。之后哈佛大学的心理实验室对这一万名志愿者继续进行为期五年的跟踪调查，这项研究结果表明，一个人在工作中能否取得成功，85%取决于一个人的人际沟通能力，只有15%取决于一个人的专业知识技能和工作经验。由两组数据对比可知，沟通和人际关系的构建是成功的关键，是真正需要培养和提升的软实力。同时，这组数字随着时间的推移而发生的变化，更是告诉我们：人际沟通能力作为成功人士必备的重要素养，随着入职时间的不断增加，职位的不断升高，职场阅历的不断丰富，会显得越来越重要。

无论是在企业中还是在政府单位中，沟通都是一项至关重要的必备技能。

5.1 沟通的重要性

一个人的成功不仅与他的专业知识和技能有关，而且也非常依赖他的沟通能力和人际关系。无论在哪里工作、学习和生活，人们接触得最多的还是各种各样的人，沟通的重要性正是体现在它能够很好地让人们互相理解，而一切沟通的开始就是告诉别人“你是谁”，让别人能够更好地了解自己，从而开始一段好的人际关系。在工作中，良好的沟通能让我们：

（1）思想一致，产生共识。

（2）减少摩擦争执与意见分歧。

（3）疏导下属情绪，消除心理困惑。

（4）使下属了解组织环境，减少变革阻力。

（5）使管理者洞悉真相，排除误解。

总而言之，工作中沟通的重要性是怎么强调也不为过的。

5.2 沟通的意义

沟通的意义不是强制说服对方，而是通过语言、文字或者一些特定的非语言行为

（指外表、脸部表情、肢体动作等），把自己的想法、要求等表达给对方。

怎么去沟通？沟通首先是识别并认同对方的底线。识别底线需要智慧，认同底线需要胸怀。“世事洞明皆学问，人情练达即文章”，说的就是这个道理。因此，首先要识别对方的底线，然后在此基础之上再去沟通，去求同存异。

沟通是需要沟通主体和客体两方面共同参与的，发讯人（传送方）和收讯人（接收方）都要努力，才能顺利完成沟通。那么如何验证发讯人和收讯人是否都在参与沟通呢？这就要看传送方和接收方在同一时间内是否做到以下三点：交换信息、交流感情、表明态度。

首先是要交换信息。观察一下，会发现在人们的工作生活中，有很多场景都是只有单向沟通没有双向交流。没有信息的充分互换和交流，会很大程度上影响语言组织、信息接收和决策判断。特别需要注意的是，信息本身是中立的，但是沟通中的信息会受到两种环境（语言环境、心理环境）的影响，并被变形、加工和扭曲。要想避免受到这样的影响，同样需要双方的努力：传送方要尽可能地把信息发送完整，避免双方对非充分表达的歧义和误解；接收方在解码信息时也不能想当然，对于未能理解清楚的信息一定要及时反馈、询问。

5.3　沟通的原则

1. 平等

平等待人是沟通和人际关系发展的前提和基础。平等不是人人皆有份，而是通过合理地对待而达成的一致和平衡。因此，在沟通时就要求越是职位高的人越要“将就”职位低的人、越是能力强的人越要“照顾”能力弱的人。这就解读一句话：越是大师越虚怀若谷，越是大家越平易近人。

2. 信用

信用既是沟通的原则，也是做人的根本。信用信用，要用，才有信。所以在沟通中首先要勇于表态、敢于发声，但是一旦发声，就要言必行、行必果。

3. 互利

互利，即相互“利用”。一说利用，很多人有顾虑，其实利用指的是先用——善用彼此资源；后利——分享共同利益，即鼓励沟通双方要开放心态、相互交流、共享其成。

4. 尊重

尊重所有的人，是一种教养。尊重，就是要心有所虑，心有所惧。不管沟通双方身份高低，都要养成尊重所有的人的习惯。

平等、信用、互利、尊重，这四个词虽然广为人所知，但是却难以做到，更有甚者，有些人不是做不到，而是不做到。这就不单单是能力的问题，而是态度的问题了。

【沟通小贴士】

一、沟通的“五句话”

在生活中，我们可能遇到过以下这些情况：同事抱怨工作的棘手情况，好朋友请教恋爱中的小问题，子女倾诉学校里的烦心事……事实上，在他人向自己寻求意见时，很多人都不知道该如何回应。笔者给出以下切实有效的“五句话”沟通建议：

第一句，“……还有吗”。首先这表示倾听者在认真参与，其次这能提醒对方是否遗漏了重要信息，如果有，对方会进行补充，如果没有则会把他认为更重要的信息重复一遍。

第二句，“那我重复一下，看看我理解得对不对”。这句话有两个功能，一是保证双方的信息达成一致的平衡，二是彰显自身总结语言的能力和专业性。

第三句，“那我再问几个问题……”。这句话既能展现自己独特的看问题的视角，也是通过对问题进行归纳，从而提炼出解决问题的思路和关键点。

第四句，“通过以上对话，从专业上来说，我的建议是……”。这是不带感情色彩的视角，给出理性分析的回答，体现倾听者的理性和专业性。

第五句，“最后，从情感（过来人、同路人等）的角度来说……”。这是感性的视角，从共情的状态下，给出更符合情感倾向、同理心的回答。

二、沟通的“多”与“少”

少说抱怨的话，多说宽容的话。

少说讽刺的话，多说尊重的话。

少说拒绝的话，多说关怀的话。

少说命令的话，多说商量的话。

少说批评的话，多说鼓励的话。

【总结与回顾】

沟通在组织中十分重要，其意义是通过有效沟通，保证信息传达正确无误、信息内容没有衰减或变形；组织中通过沟通还可以减少摩擦、消除分歧、减少变革中的阻力等；而个人的沟通能力无疑是伴随人一生的生存技能。本章从沟通的重要性、沟通的意义、沟通的关键和沟通的四项基本原则的角度梳理了沟通的理念。这些指导性的知识点正是我们开启沟通的思想武装和准备。

【自我技能测试】

你擅长沟通吗？

对于下面的每一个问题，请选择一个恰当的数字进行描述：

1—非常不符合　2—比较不符合　3—基本符合　4—比较符合　5—非常符合

1. 当我来到一个新环境，我可以快速与别人开始交流：______
2. 我有能力在一场会议中得体地阐述自己的观点：______
3. 我知道该如何在日常生活中书写一封规范的书信或电子邮件：______
4. 在进行重要的会议或其他类型的交流前，我会预估可能出现的问题并予以关注和准备：______
5. 我可以熟练地使用流程图、思维导图等图表来表达我的想法：______
6. 我会在与人交流时注意对方的肢体语言，并能解读其中的含义：______
7. 在沟通时，我会认真倾听对方的想法，领会对方所说的内容：______
8. 我能及时注意沟通过程中对方的反馈情况：______

得分与解释

将你所填写的所有数字加总得到你的测试分数，分数越高则说明你对沟通的了解越多。

得分为 33 ~ 40 分：你的沟通能力很强，对一些基本的沟通技能掌握得非常好；

得分为 25 ~ 32 分：你有一定的沟通能力，在大多数场合都能应对自如；

得分为 17 ~ 24 分：你对沟通有最基本的了解，可能偶尔会不知所措；

得分为 8 ~ 16 分：你对沟通的运用不是很熟练，需要加强此方面的锻炼。

【笔记栏】

第六章

沟通的障碍分析

案例导入

刘明是一位基层党支部书记，他精心准备了一个会议上的讲话，这次会议规格高、规模大，为此，妻子专门为他选购了一身西装。晚饭时，妻子问西装合身不，刘明说上身很好，裤腿长了那么两厘米，倒是能穿，影响不大。

晚上刘明早早就睡了，他的母亲却睡不着，琢磨着儿子这么重要的会议，西裤长了怎么能行。反正人老了也没瞌睡，就翻身下床，把西装的裤腿剪掉两厘米，缝好烫平，然后安心地入睡了。

早上五点半，妻子睡醒了，想到丈夫西裤的事，心想时间还来得及，便拿来西裤又剪掉两厘米，缝好烫平，惬意地去做早餐了。

一会，女儿也早早起床了，看妈妈的早餐还没有做好，就想起爸爸西裤的事情，寻思自己也能为爸爸做点事情了，便拿来西裤再剪断两厘米，缝好烫平。

6.1 沟通主体障碍

沟通的主体，即沟通的传递方，是沟通的主要的信息发送者。来自主体的障碍可以归纳为两类：第一类是主观问题，第二类是客观问题。

1. 主观问题

主观问题主要是由于信息发送者的态度出现了问题。首先是只要别人听自己的（固执己见）。在中小学的课堂上，大家可能有过这样的经历，当同学们在课堂上窃窃私语时，老师为了维持课堂纪律，通常都会说："你们说还是我说，你们说吧，你们说完了我再说。"这样的表达，体现的是任课老师的主观意识——学生只能听我的！我说话的时候别人不允许发言。而事实上，在现在的教学中，越来越主张教学相长、反转课堂，传统的沟通态度不利于学生的自主学习。其次是对信息接收方的反应不灵敏（不会察言观色），如果我们说话的时候不在乎对方的反应，没有发现对方对自己讲的话没有产生兴趣，那就等于是白说，所以我们得根据对方的反应调整自己的语言，把话说到别人的心坎上，让别人把自己的话听进耳朵里。

2. 客观问题

客观问题一般包括用词错误，词不达意；咬文嚼字，过于啰嗦；不善言辞，口齿不清。有的人可能因性格内向，不善于跟别人聊天，或者说在台上就紧张得说不出话来，但出现这些客观问题最重要的原因其实还是个人的积累和训练不够。

乔·吉拉德被称为“世界上最伟大的推销员”“汽车销售大王”，他从 1963 年至 1978 年总共推销出 13 001 辆雪佛兰汽车，不是批发，而是一对一的零售。他所保持的世界汽车销售纪录——连续 12 年平均每天销售 6 辆车，至今无人能破。但其实他从小就患严重的口吃，说话结巴。所以说沟通能力是可以训练出来的。

【沟通小贴士】

有一个“一万小时法则”，是指从最初的起点开始，只要坚持 10 000 个小时，就可以成为这个领域的专家。要想锻炼自身的口头表达能力，我们可以大声朗读报纸或者精品文章，每天坚持 15 到 30 分钟。朗读这些的目的不仅仅是锻炼沟通表达的能力，还可以从中了解到国家的时事，并从中看出很多有用的表达和信息。

6.2 沟通客体障碍

沟通的客体主要指信息接收的对象，也是通常所说的倾听者。沟通客体存在的障碍也可以归纳为两类问题：主观问题和客观问题。

1. 主观问题

（1）先入为主。

在我们与别人沟通之前，如果对方对某一事物有一个固有的认知，那么当我们表达出不一样的想法时，对方会受自己认知的影响，不会轻易接受我们的观点。

（2）偏见。

偏见是对某一个人或团体所持有的一种不公平、不合理的消极否定的态度。当对一个人存在某种成见时，我们的思维会对交流的信息进行主观的判断，沟通障碍就在这个时候产生。

（3）光环效应。

又称晕轮效应、光圈效应、成见效应，是指人们对一个人的某种品质或者一个物品的某种特性一旦有了非常好的印象，就会对这个人的其他品质或者这个物品的其他特性给予比较好的评价，“爱屋及乌”和“名人效应”是生活中典型的光环效应。

（4）选择性倾听。

事实证明，人们在倾听的时候都会倾向于选择了解对自己有利的事情，并更愿意在某件事情上听符合自己意愿的话。这样的选择性倾听会让我们在沟通时难以获得完整的信息内容，从而产生或轻微或严重的沟通障碍。

2. 客观问题

客观问题包括听不清楚、情绪不佳以及没有注意到对方的言外之意等。这些客观问题，可能导致沟通不畅。因此需要沟通者，尤其是倾听者要做好充分的准备，比如选择安静、较舒适的环境；确保自己的身体和状态调整到位、随时能接受完整信息；

还要努力将自己和信息传递方调整到相同的沟通频道，格外留心对方的信息内容、语气、谈话的目的等浅表、甚至深层的表达，确保不误读、不少读。

6.3 沟通环境障碍

沟通的环境，就像一个无形的管道，沟通双方的信息在中间自由地交换。但是，这个管道不是普通的信息空间，它还具备情感、心理方面的拟人功能。信息传递管道运用不当，就会出现如下问题：经过他人传递而产生误会；环境（如沟通的场所）选择不当；沟通时机不对；有人蓄意破坏、挑衅等。

通常可以将“管道”分为两类：一类是由时间与地点组成的物理空间，一类是参与沟通双方的心理环境。物理空间的选择很重要，它会影响沟通的整体氛围。假设一位男上司夸女下属穿得漂亮，他应该选择上班时间，在公共空间夸奖，而选择私密空间则是不合适的。心理环境则很容易理解，参与沟通双方的心情、条件、气场等，也会对沟通的效果产生影响。

例如，在做工作调研时，与被调研对象进行谈话时经常会利用工具、设备进行空间布置，来给予对方心理上的疏导或是压力；普通的问话通常使用圆桌以让对方感到平等，三角桌的布置则会让对方感到平衡，单张课桌加一张座椅的布置会让人感到压力。此外，不同的谈话时间也会带来不同的谈话效果。人在晚上的时候精力最倦怠，在此时请人谈话更容易给对方带来压力；相反，人在白天精力充沛，应变能力较强，谈话的威慑力就比较有限。

表 6-1 列出了主要的沟通障碍。

表 6-1　沟通的障碍及原因

传递方	1. 用词错误、词不达意 2. 咬文嚼字、过于啰嗦 3. 不善言辞、口齿不清 4. 只要别人听自己的 5. 态度不正确 6. 对接收方反应不灵敏
接收方	1. 先入为主 2. 听不清楚 3. 选择性倾听 4. 存在偏见 5. 光环效应 6. 情绪不佳 7. 没有注意言外之词
传递管道	1. 经过他人传递而产生误会 2. 环境选择不当 3. 沟通时机不当 4. 有人破坏、挑衅

【总结与回顾】

沟通的障碍主要来自三个方面：沟通的主体、沟通的客体和沟通的环境。沟通的障碍无处不在，有时候是一方面出了问题，绝大多数情形是三个方面都出现了问题。前一章阐述沟通是主体编码、客体解码的过程，看起来这个过程十分简单，但是通常情况下，很多时候会因传递方（主体）表达的信息不全或者态度不对，导致沟通失败；而反过来，接收方（客体）因为各种原因误读误判原本中立的信息，也会造成“讲者无意，听者有心”的结果。沟通过程也是需要加强重视和管理的环节。因为沟通中的物理空间、心理因素和他人转达等复杂因素，也会让沟通变得“危机四伏”“困难重重”。因此，了解沟通可能存在的障碍是解决沟通困境的先决条件。

【自我技能测试】

沟通能力测量表

1. 在说明自己的重要观点时，别人不想听你说，你会？

A. 仔细分析对方不听的原因，找个机会换一个方式说

B. 等等看还有没有说的机会

C. 不说了，但很生气

D. 马上气愤地走开

2. 去参加老同学的婚礼回来，你很高兴，而你的朋友对婚礼的情况很感兴趣，这时你会？

A. 详细述说从进门到离开时所看到和感觉到的

B. 说些自己认为重要的

C. 朋友问什么就答什么

D. 感觉很累了，没什么好说的

3. 你正在主持会议，而你的一个部下却在玩弄他的手机，这时你会？

A. 幽默地劝告下属不要玩手机

B. 严厉地叫下属不要玩手机

C. 装着没看见、任其发展

D. 给那位下属难堪，让其下不来台

4. 你正在跟领导汇报工作时，有人急匆匆跑过来说有你一个重要朋友的长途电话，这时你会？

A. 说在忙，稍后再回电话过去

B. 向领导请示后，去接电话

C. 说不在，叫人问对方有什么事

D. 不向领导请示，直接跑出去接电话

5. 要与一个重要的客人见面，你会？

A. 精心打扮一下

B. 换一件自己认为很合适的衣服

C. 只要穿得不要太邋遢就可以了

D. 像平时一样随便穿

6. 你的一位下属已经连续两天下午请了事假，第三天上午快下班的时候，他又拿着请假条过来说下午要请事假. 这时你会？

A. 详细询问对方因何要请假，然后再定

B. 告诉他今天下午有一个重要的会议，不能请假

C. 很生气，但什么都没说就批准了他的请假

D. 很生气，不理会他，不给批假

7. 你刚到一单位就任部门领导，上班不久，你了解到单位原本几个同事想就任你的职位，但领导认为不合适才选择了你。对这几位同事你会？

A. 主动认识他们，了解他们的长处，争取成为朋友

B. 不理会这个问题，努力做好自己的工作

C. 暗中打听他们，了解他们是否具有与你进行竞争的实力

D. 暗中打听他们，并找机会为难他们

8. 与不同身份的人讲话，你会？

A. 不管是什么场合. 都是一样的态度与之讲话

B. 在不同的场合，会用不同的态度与之讲话

C. 对身份高的人，总是有点紧张

D. 对身份低的人，总是漫不经心地说

9. 你在听别人讲话时，你总是会？

A. 对别人的讲话表示兴趣，记住所讲的要点

B. 请对方说出问题的重点

C. 对方老是讲一些没有必要的话时，你会立即打断他

D. 对方不知所云时，你就很烦躁，就去想或做其他的事

10. 在与人沟通前，你认为比较重要的是了解对方的：

A. 价值观念、心理特征

B. 个人习惯、家庭背景

C. 个人修养、能力水平

D. 经济状况、社会地位

得分与解释

选 A 得 4 分，选 B 得 3 分，选 C 得 2 分，选 D 得 1 分。

总分为 16 ~ 20 分：你经常不能很好地表达自己的思想和情感。但只要你学会控制好自己的情绪、改掉不良习惯，你随时可能获得别人的理解和支持。

总分为 21 ~ 30 分：你懂得一定的社交礼仪，尊重他人，但是你缺乏高超的沟通技巧和积极的主动性，许多事情只要你继续努力一点，就可大功告成。

总分为 31 ~ 40 分：你很稳重，是控制自己情绪的高手，有很高的沟通技巧和人际交往能力。

【笔记栏】

第七章

口头表达

案例导入

前外交部副部长傅莹女士在出席 2016 年的慕尼黑安全会议时用语言表现出铿锵的温柔和若愚的睿智，为中国人赢得了高涨的掌声和体面的尊严。

主持人咄咄逼人，把矛头对准了傅莹，一再把话题引向朝核问题，并且质疑中国的立场和作为。他反复地挑衅，一直把傅莹逼到“墙角”，眼睛盯着傅莹，严肃地问：“中国是不是已经完全失去了对朝鲜的控制？”傅莹可以感觉到会场上出现的紧张与压迫的气氛，她选择了用笑呵呵的方式回应：“对一个国家失去了‘控制’？这种说法很西方化。”傅莹的话声一落，现场听众就“哄”地笑了。此时此刻，这样的回击才能实现借力打力的效果。因为，回答他的问题，无论说“是”或者“不是”，都会默认提问者设定的一个大前提，即：中国能控制朝鲜，朝鲜发展核武器是中国的责任。傅莹不能陷入“是”与“不是”的辩解，必须釜底抽薪，从根本上质疑提问的合理性。傅莹注意到主持人在讲话中无意间违反了联合国宪章关于国家平等的基本原则，可以成为反驳的切入点。所以，异常紧张的氛围被傅莹巧妙的话语四两拨千斤般轻松攻破。

可见口头表达能力在人际交往中的作用是多么重要，它甚至可以关乎国家跟国家之间的关系。

7.1 口头表达的特点

口头表达能力是指用口头语言来表达自己的思想、情感，来与人沟通交流的一种能力。叶圣陶先生曾说：“所谓语文，语是指口头语言，文是指书面语言。可见，语文是口头表达能力与书面表达能力的综合体现。”

沟通总是在一定的背景下发生的。任何形式的沟通，都要受到各种环境因素的影响，一般认为，对沟通过程发生影响的背景因素包括以下几个方面：

（1）心理背景。心理背景指沟通双方的情绪和态度。它包含两个方面：其一是沟通者的心情、情绪，沟通者是处于兴奋、激动状态还是悲伤、焦虑状态，他们的沟通意愿、沟通行为截然不同；其二是沟通者对对方的态度。如果沟通双方彼此敌视或关系冷漠，沟通过程则常因偏见而出现偏差。

（2）物理背景。物理背景指沟通发生的空间和场所。特定的物理空间会造成特定的沟通气氛和结果。

（3）社会背景。社会背景一方面指沟通双方的社会角色关系。对不同的社会角色关系，有不同的沟通方式。

（4）文化背景。文化背景指沟通者长期的文化积淀，也是沟通者较稳定的价值趋向、思维模式、心理结构的总和。由于它们已经转变为精神的核心部分而自动保持，是思想、行动的内在依据，因此有时候我们觉察不到文化对沟通的影响。而事实上，文化影响着每一个人的沟通过程，甚至每一个环节。

口头表达呈现出以下特点：

（1）同步性。即外部语言表达与内部语言思维是同步进行的，口语只是将思维外化了。

（2）简散性。即常使用的是一些短句、散句，有时可使用体态语表达，它的结构是松散的。

（3）易逝性。讲话是通过声波传播的，而声波转瞬即逝。有心理学家做过一次测试：我们听到的话语信息能够精确留在我们记忆里的时间大概不超过 8 ~ 10 秒。既然信息留在脑海中的时间是短暂的，那怎么去评价一个人的口才呢？这要从整体上、从语速上把握。这要求掌握两个要点：一是说话之前要想好了再说；二是说话的语速不可太快。一般的发言 200 字/分钟为宜，最快不宜超过 280 字/分钟。每次发言（座谈会、讨论会）最好不超过 2 分 10 秒，否则，由于信息过载，听者很快就会忘掉之前听到的信息。

（4）特定性。

① 说话的场景是特定的，说话的内容必须符合时间和空间并受其制约，比如，教师在课堂上讲课的内容是受制于课程目标和学生接受程度的，所以老师上课并不是在即兴演讲，更不是在讲故事，他说出来的话就要受到时空条件的约束。

② 沟通的对象是特定的，即听众是特定的。

③ 现场的氛围是相对特定的。

由于口头表达的环境是特定的，说出去的话想收回来就不可能了，这就要求想好了再说；同时，说话要受现场氛围的影响，要考虑现场反应，要适时调整语言及语速，这要求提高信息发送者自身的素质。

（5）综合性。

① 系统的综合。说话时，语言、声调、态势要综合考虑，如果语调没有变化，语言内容是枯燥的，而且没有加一点体态语，语言效果就不生动。所谓的系统的综合，就是要求人们在说话时要调动人体“各部门”的积极性来完成说话内容，且各部门构成的系统要有整体感、协调感。

② 调动的综合。口语表达有一个过程，就是从生活到思维，再由思维外化成口语。在这个过程中，每个人所说的话，包含了这个人的生活体验、文化素质、道德水准，即听其言而知其人。有时，同样的发言稿件不同的人说出来的效果不一样，就是因为每个人的生活阅历不同，对生活的理解不同。所以说话不仅要调动知识素养、能力素养，还要调动生活积累。

③ 手段的综合。口语表达是传声的、有感情的，同时手段是多样的。传声包括声音的高、低、快、慢、强、弱、长、短；表情包括面目、眼神、手足等。

口头表达虽然能够及时得到反馈，但是还有一个巨大的缺陷，就是无法留下佐证的证据。

【经典案例】

小宋是D村村支书周书记新任的联络员，主要负责周书记工作行程等的安排。小宋上班的第一天就接到通知，本周四需要周书记出席镇里的一个会议。小宋马上就把这个安排和周书记进行沟通协商，周书记也表示“可以”并接受了这个行程，在此期间，双方之间的沟通都是口头进行的，小宋也没有将会议的时间和地点通过短信或是邮件发给周书记。

到了周四这天，周书记因为交通原因迟到了，导致会议推迟了两个小时。会议上，镇长对此十分不悦，并进行问责。周书记却将所有责任推脱到小宋身上，说小宋通知他的会议时间是周五。小宋倍感冤枉，但是由于没有留下书面的证据，百口莫辩，只能默默替周书记背下了“黑锅”。这次教训过后，不论是什么行程安排，不论是否已经通知当事人，小宋总会通过邮件形式予以确认。

【沟通小贴士】

试着读下面这一句话，对下划线的字或词加重读音，体会一下因重音不同而带来的不同意思。

<u>我</u>相信你愿意学好。（他不信，我信）

我<u>相信</u>你愿意学好。（我没有怀疑过你）

我相信<u>你</u>愿意学好。（别人我可不敢说）

我相信你<u>愿意</u>学好。（是自愿不是被迫）

我相信你愿意<u>学好</u>。（你明白是非，不愿意学坏）

7.2　口头表达的应用

口头语言在生活中起着更直接的、更广泛的交际作用，并且随着现代社会的发展，对表达者本身的能力要求也越来越高。

口头表达分为不同的类型，分别是交谈、即兴发言、演讲。

1. 交谈

交谈是指两个或两个以上的人的谈话或对白。交谈运用范围很广泛，有利于互通信息、开阔视野，也有利于增进感情。交谈可分为四种类型：

（1）聊天：随意，自由度较高。

（2）谈心：倾听内心，沟通感情。

（3）问答：提问与回答，针对性强。
（4）洽谈：与别人就彼此相关的事项达成协议的交谈，有目的性。

2. 即兴发言

即兴发言是指在未做充分准备的情况所做的临时性发言，是口语表达的最高形式，在两种情形下发生：一是没有外力邀请或督促的主动发言；二是在外力的邀请或监督下的被动发言。即兴发言可分为六种类型：

（1）传递信息的发言：发言者向听众传达一定的信息。
（2）引荐发言：激发听众去听发言人的讲话，应简练、吸引人。
（3）颁奖词：管理者就受奖者的成就、所获荣誉及颁奖的意义做出评价。
（4）欢迎词：言简意赅、略带幽默，表达出东道主的友善。
（5）祝酒词：围绕目的，语言简明、谨慎。
（6）口头报告：有指示性，是信息型、总结型的发言。

3. 演讲

演讲是指演讲者在特定时间环境中，借助有声语言和态势语言手段，向听众发表意见的一种社会实践活动。根据演讲的目的，可以分为六种类型：① 劝导型；② 告知型；③ 交流型；④ 比较型；⑤ 分析型；⑥ 激励型。

【沟通训练】

请根据给出情景，进行实践演练。

情景 1：请你向大家介绍一下所在班级或个人的基本情况，并归纳一下你向大家传递了多少信息。（时间 2 分钟）

情景 2：你所在的班级在系篮球赛中获得了团体第一名，现在要给篮球队员颁奖，请你致颁奖词。（时间 2 分钟）

情景 3：现在有一个团队要到你所在的班级参观，请你致简短而又诚挚的欢迎词。（时间 2 分钟）

7.3 口头表达的技巧

一个人的口头沟通能力很大程度，决定了他在工作、社交和个人生活中的品质和效益。要想使口头表达效果达到最佳，就要具有“三力”——说明力、说服力和感染力。

1. 口头表达中的说明力

说明力就是指把内容说清楚的能力，是口头沟通的基本要求。提高说明力的沟通步骤为：

（1）先过滤：把要表达的资料过滤，浓缩成几个要点。主要包括要说什么，说话的意图是什么。

（2）传达要点时要一次一个：一次表达一个想法、讯息，讲完一个才讲第二个。

（3）观念相同：使用双方都能了解的特定字眼、用语。

（4）长话短说：要简明、不多也不少。

（5）要确认：在谈话的最后，要确定对方了解自己真正的意思。

为了提高口头表达的说明力，可以采用金字塔式沟通法，这是一种用总分结构归纳问题的方式（见图 7-1）。首先有一个总的观点，这个观点由多个论据支持，而各个论据又可以由几个子论据支持。这样不断向下延伸，形成一个逻辑缜密的金字塔。金字塔原则可以帮助人们达到以下沟通效果：重点突出，思路清晰，主次分明，让受众有兴趣、能理解、能接受、记得住。

搭建金字塔的具体做法：自下而上思考，自上而下表达；表达时使用“总的来说……具体地来说……比如说……”。

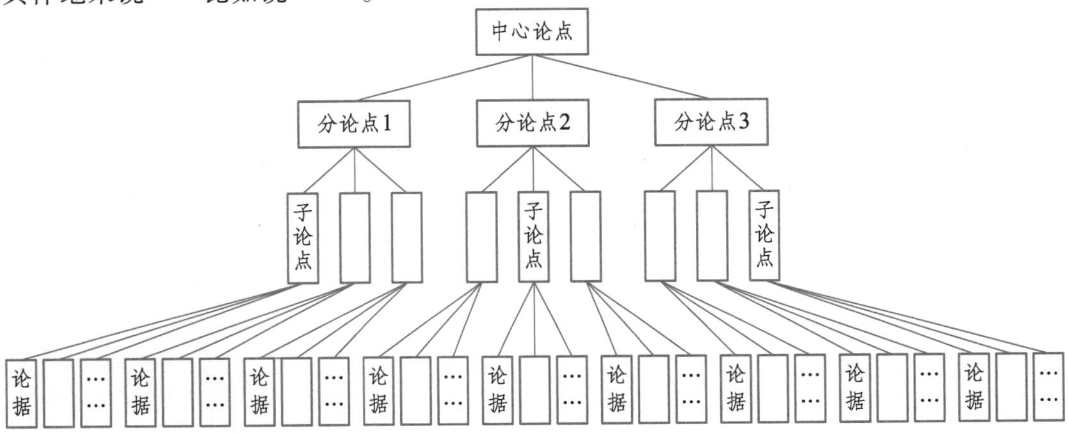

图 7-1　金字塔结构

【沟通训练】

调查员入户走访调查时的口头表达是具有高难度和高要求的一种能力。调查员在阐述时要清晰分明、分次表达、耐心细致，并且用村民能听得懂的语言来为其讲解相关政策或者提供帮助，每个要点表达必须在确认对方和自己达成共识后才能结束，否则必须继续进行。调查员应至少向走访的村民传达以下几条信息：

（1）我是谁；

（2）调查的目的是什么；

（3）调查的内容是什么；

（4）对于村民有什么样的意义；

（5）请大家向周围人模拟调查员入户调查某户家庭背景。

2. 口头表达中的说服力

说服力是指说话能让别人接受的能力。沟通的最终目的是说服他人采取积极正确的行动，为了达到这个目的，可以采取以下步骤：

（1）举出具体的实例：例子越具体、越贴近工作和生活实践越有说服力。

（2）提出证据：有时间线和事件节点的证据更有说服力。

（3）以数字来说明：精确的数字描述更让人信服。

（4）运用专家的证词：专业人士、有权威的人的语言更有力度。

（5）触动对方的视、听、触、嗅、味五种感觉：调动全身心来说话比单纯的语言有说服力。

3. 口头表达中的感染力

感染力是指鼓励激发他人的能力。要想在表达的基础上感染别人，就应该多采取正向的、积极的语言，用激情有温度的话语赞美别人，避免说些负面的、会伤害别人的话。例如，多采取以下口头禅：

（1）哇！你好厉害哦！

（2）哇！太棒了！

（3）哇！你真是不简单！

（4）哇！你真行！

生活中和工作场景下，建议大家不要对无法改变的事实做批判和妄议。既然无法改变了，不如说些“顺耳”之言，而不是埋怨、抱怨或者横加指责，这些不仅无济于事，而且还会伤害他人的面子和感情。

【总结与回顾】

口头表达是沟通三种形式中最便利、最常用也是最容易出错的一种形式。在心理背景、物理背景、社会背景和文化背景的影响下，口头表达不仅有自己独有的特点——同步性、简散性、易逝性、随机性和综合性，也在实际的应用中有广泛的场景和条件限制。在做好口头表达的时候，特别需要在说明力、说服力和感染力上下功夫。口头沟通用的是嘴巴，但传达的是思想；只有做到脑中有思想、思想有体系、体系有逻辑、逻辑有内容、内容有温度，才能做到口头表达的至高境界。

【自我技能测试】

口头表达能力测试

口头表达是将思考所得的成果用语言表现出来的一种行为，是对观察、记忆、思考、创造和阅读的综合运用的能力。请通过下列问题对自己的该项能力进行差距测评。

1. 你如何表达和阐述你的观点？

   A. 分条列项阐述

   B. 重点突出，条理清楚

   C. 直接陈述

2. 你一般采用怎样的方式表达你的观点？

   A. 语言文字、图像和数据并用

   B. 图形、数据和声音并用

   C. 直接用语言阐述

3. 当你当众表达时，你一般如何把握你的声音？

   A. 重点突出，抑扬顿挫

   B. 注意控制音量

   C. 对麦克风进行挑选和试用

4. 当你当众表达时，你一般如何把握你的语速？

   A. 语速适中

   B. 注意表达的节奏

   C. 通过停顿调节语速

5. 当你进行表达时，你如何运用你的语言？

   A. 尽量简单精练

   B. 通俗表达

   C. 根据受众对象，使用专业术语

6. 在表达时，你如何运用技巧很好地和听众进行沟通？

   A. 和听众保持眼神交流

   B. 运用手势吸引听众

   C. 通过幽默调节气氛

7. 你认为如何才能让你的表达吸引听众？

A. 完美的开场白

B. 充满逻辑性和故事性的论述

C. 你的权威性

8. 当你向上级汇报工作时，你如何表达？

A. 结果突出，重点解释

B. 重点突出，清晰表达

C. 照本宣科，宣读报告

9. 当你要求同事配合你的工作时，你一般从哪个角度进行表达？

A. 发出邀请

B. 陈述同事对工作的重要性

C. 直接要求同事合作

10. 当你向下属分配任务时，你如何表达？

A. 明确任务，并限定时间

B. 说清任务，明确利益

C. 传达任务，限期完成

得分与解释

评分标准：A—3 分，B—2 分，C—1 分。

结果评价：24 分以上，说明你的表达能力很强，请继续保持和提升。15 ~ 24 分，说明你的表达能力一般，请努力提升。15 分以下，说明你的表达能力很差，急需提升。

【笔记栏】

第八章

书面表达

案例导入

周一早上八点半，人事局王局长一上班就给新来的秘书小毕布置了一个任务，要求她向各处下发职责履职情况调查表格，并要求各处在当天下午两点之前填好上交。王局长担心小毕不清楚，还特地重复了一遍，小毕说："完全明白，一定落实到位。"

到了规定的时间，只有三处没有按时上交。王局长问小毕："你向三处怎么传达的？"小毕说，完全按会议通知精神和您的要求传达的。王局又问"为什么只有三处没上交？"小毕说："不知道为什么。"当王局长把小毕和三处相关负责人都召集到办公室询问事情原委时，三处相关负责人回答说，当时他并没有听到小毕传达关于上交时间的要求。而小毕说自己确实传达了，为什么 22 个部处只有三处没听清楚？

到底是小毕没传达，还是三处的同志没听到？说不清楚 ——这就是书面表达的存在的关键。

8.1 书面表达概述

简单来说，书面表达就是写作，即写作主体运用语言符号，表现心中思绪、传达情意、沟通信息等复杂的精神劳动。书面表达的形式多种多样，包括信函、文件、报告、新闻通讯等，可以分为两大类，一类是实用文体，一类是文学文体。在管理沟通中，本书重点讲实用文体。

1. 书面表达的特点

书面表达的优点是不受时空限制，可以扩大交往领域和范围，提高传递和接收信息的准确性，而且书面表达相对于口头表达而言，更能够留下证据，正所谓："白纸黑字，言之凿凿，下笔之前一定深思熟虑。"因为书写前需要深思熟虑，书面表达耗费时间，所以，很多人放弃了原本带着作者"信息和气息"的书面表达。而在现实场景中，很多时候我们一定要用书面的形式去表达思想情感，尤其是在生活和商业中的运用。

【沟通小贴士】

在进行书面沟通时，对受众的特征进行分析很有必要。因为不同的受众具有不同的偏好，对不同偏好的受众采取不同的策略才能使得表达更具有针对性和有效性。迈尔斯-布里格斯性格分类法就将读者及其在书面沟通过程中的偏好分成了四类，具体如表 8-1 所示。

表 8-1　迈尔斯-布里格斯性格分类

内向型	先阅读后表态
外向型	边听汇报边思考
知觉型	关注细节描述
直觉型	先轮廓后细节
理智型	注重逻辑描述
情感型	注重情感内容
谨慎型	注重观点的周密性
果断型	注重主题的明确性

【经典案例】

小曹是刚刚分配到明月村担任社区干部的一名选调生。刚刚任职的她因为不熟悉当地的情况，也没有同事和朋友可以请教，为此她很痛苦也很焦虑。有一天她去请教老前辈，询问如何才能获得基层群众信任并且做到职场上“零的突破”？前辈说，虽然我不能教你怎么做，但是我们可以来一起说说你接触群众和老百姓的细节，要做到让别人感受到你的真诚和心意，再去跟大家去谈你对工作的想法、谈你的社区业务和服务。

取经之后，小曹做了一件事。她定制了许多社区爱心服务卡，用手工纸给每一张卡片都折了精致的卡套，卡套的背面写着“赠人玫瑰，手有余香——我是您身边最贴心的社区管家”。小曹在递出卡片时会说“这是我自己折的”，大家接到卡片的一瞬间就能感受到女孩的用心，看到卡套背后手写的娟秀文字，更加印象深刻。接下来她就说第二句话：“如果不急用，卡片可以放起来以备不时之需，但是卡套还可以随时用的，你可以装身份证、公交卡，或者其他东西。”老百姓一笑之余，也觉得姑娘挺贴心实在。慢慢的，大家觉得小曹处处在细节上做到真心真意为群众着想，既专业又热情，因此打开了工作局面，赢得了上下一致好评。

在很多场合下，书面的东西表达的心意是润物细无声的，如经典案例中送客户卡套的故事，只要坚持下去，不断把书面表达做精做细，并将其传达到客户心里，它的作用远远超出想象。

虽然书面表达能传递很细腻、很深厚的情感，而且在生活中也对沟通交流发挥了很大的作用，但是书面表达有以下两个缺点：

（1）耗费时间。

研究表明，一般人平常讲话的频率是每分钟 160 字至 180 字左右，演讲一般会比平时讲话要慢一些，大概是每分钟 120 字至 140 字，所以 5 ~ 6 分钟的演讲稿大约有 600 ~ 700 字，但如果要书写这篇演讲稿，则需要更长的时间。另外对主题的熟悉与否、年龄大小、时间是否紧迫等因素也会影响书写的速度。

（2）没有即时的反馈。

再好的文字，它的作者和读者之间永远隔着一张纸或者一张显示屏，很难产生即时的反馈和互动，读者无法完全代入作者书写时的心情，作者更无法想象读者阅读时的想法。

2. 书面沟通的写作过程

写作的逻辑是大脑获取主题后，搜索脑内相关主题的知识，然后将这些知识串联起来，组织语言写出一篇文章。根据玛丽·蒙特的观点，写作过程可以划分为五个阶段，分别是收集材料、组织观点、提炼材料、起草文稿和修改文稿（见图 8-1）。在运用书面表达的情景中，不同的沟通者可能在每个阶段上花费的时间不同，在次序上也可能会不同，但总体过程离不开这五个阶段。

（1）阶段一：收集材料。

在明确好写作主题后，我们可能对这个主题了解甚少，为此需要搜集相关的资料，其中资料来源主要分为两大类：一类是文献资料，另一类是调查材料。

第一类资料需要利用互联网搜集，为此需要提高个人的搜索能力，做到能够在各大网站上搜寻相关资料。常用的搜索网站如表 8-2 所示。

表 8-2　常用搜索网站

数据类型	网站名称	网址
国家宏观数据	国家统计局	http：//www.stats.gov.cn/
	中国政府网	http：//www.gov.cn/shuju/
	中国人民银行金融市场	http：//www.pbc.gov.cn/jinrongshichangsi/
学术研究数据	中国知网	https：//www.cnki.net/
	百度学术	https：//xueshu.baidu.com/
	Web of Science	https：//login.webofknowledge.com/
行业分析数据	艾瑞网	https：//www.iresearch.cn/
	报告查一查	http：//report.seedsufe.com/
	亿邦动力（电商）	https：//www.ebrun.com/
	中国报告网	http：//www.chinabgao.com/
企业数据	巨潮资讯（财报）	http：//www.cninfo.com.cn/
	天眼查（公司信息）	https：//www.tianyancha.com/

第二类材料是通过与相关人员面谈、电话访谈、实地调研、问卷调查等方式得到的。搜集第二类材料往往知易行难，尤其是对于缺乏经验的学生，可能会面临问卷设

计不合理、访谈准备不充分、访谈提问不合理、收集数据量不足、数据处理不当等问题，从而导致采集的数据缺乏准确性。

所以，一般来说，经验丰富的调研人员会先收集第一类资料，对主题有一定的理解之后，再收集第二类材料，这样在收集第二类材料时可以有充分的准备。

（2）阶段二：组织观点。

组织观点是写作过程中最重要的一环，在起草文稿前有一个系统的观点结构，写作效率将会得到大大的提高。组织观点的过程可分为以下四步：

① 观点分组：根据问题的原因、时间、步骤、主要观点和次要观点的划分，将相似的观点和事实进行分组。

② 选择观点和素材：根据分组的结果，提出初步的结论和建议。

③ 归纳标题：为各分组归纳出一个更具概括性的标题。

④ 结论和论据编排：不同的沟通对象关注的重点是不一样的，要根据报告对象的关注点，合理安排论据和结论的顺序。

（3）阶段三：提炼材料。

首先要概括文稿的主要观点，要善于用精练的语言概括整篇文稿的主要观点，同时分清主要和次要观点；其次根据不同的对象选择论证材料；再次要以尽可能快的速度来表达观点说服对方；最后用最精炼的词句说明观点。

（4）阶段四：起草文稿。

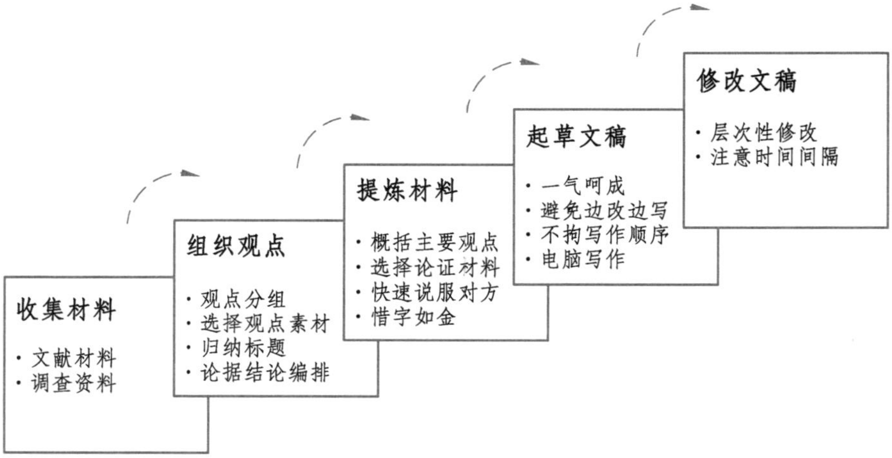

图 8-1　写作过程

在起草文稿的过程中，不要断断续续进行，尽量一气呵成，不要一边写一边改，避免“打补丁式”写作；也不要纠结写作顺序，从最有把握的地方开始写；同时训练电脑写作能力，从而方便修改，提高效率。

（5）阶段五：修改文稿。

文稿的修改要有层次性，先修改文稿的整体逻辑和观点，再修改文稿中的段落词句，最后修改具体措辞、语法和标点符号等细节问题。另外要注意修改的时间间隔，当文稿写完后，最好放一两天，使得自己有时间思考新的观点，或更好地厘清原有观点。

8.2　书面表达的原则

1. 受众导向的信息组织原则

除了私人笔记以外，大多写作的目的都是写文章给读者阅读，只有读者能够读懂文章，获取到作者想要表达的内容和观点，读者才能与作者进行思想上的关联，才算是实现真正意义上的沟通。当然，这里先不论沟通的内容正确与否，从这一点上来说，写作目的必须紧紧围绕着读者。

2. 文章要素的写作原则

首先是做到内容言简意赅。在职场，人们每天都要处理许多的公文材料，没有人愿意看冗长枯燥的长篇大论，领导们也不会重视和支持空洞无物的建议和报告。做到简明扼要是书面表达的关键。

其次书面表达标题要清晰醒目。不妨试试有机地组织观点、复杂的问题简单化、重点说明主要问题、该分页就分页、在最后做综述和总结等方法。

最后尽量预设书面沟通的时间。现在很多网上文章都会专门标注本文多少字、阅读时间约为多少分钟，这种做法值得学习借鉴。

文章写作原则可以总结如下：

（1）标题要有吸引力。

（2）开头要明确主题。

（3）内容要足够充实。

（4）结尾要立意深远。

8.3　书面表达的技巧

（1）整合相似事物。如果把一篇文章比作是一个动物园，各种不同的动物（观点）全在一个大笼子里，就会显得混乱不堪。写作时，描述的各个观点应该组合起来，最好是先完成一个主题的讨论，再接着讨论其他主题。

（2）论点支撑选择准确。当人们读完一篇文章后，能长时间记住的往往是其中的事例和细节。简洁和细节之间要注意权衡。简洁要求句子词语数量尽可能少，而充分的论证则可能需要更多句子。

（3）拆分长句，使文章更清晰。短句蕴藏着强大的力量，千万别低估它的作用。好的短句能迅速抓住读者的眼球，偶尔使用短句还能给文章增添一份灵动。

（4）删除冗余语句、过多的限定和不必要的自指。偶尔使用限定词会使读者觉得作者理性，但过于频繁地使用限定词会弱化文章含义，显得作者在写作时很犹豫，徒增文章篇幅却没有增加内容。

（5）用标题、提要拆分或归纳文章。标题和提要都有助于高效地传递这些信息。标题的作用是区分章节内容，提要的主要作用则是概述或转述下文。

（6）利用排版和设计在文字周围增加更多空间，以增强可读性。提高文章可读性的最简单方法，就是增加文档的页边空白。同样，用空白行把段落隔开，避免一大块文字紧贴页面边缘可以使文章读起来更轻松。

（7）运用可读性工具突出关键词和短语。粗体（加黑字体）可用于强调关键词，从而使关键点在读者面前跳出来，斜体与粗体作用相似，偶尔使用斜体会使文章具有艺术效果。

8.4 书面表达应用

1. 公文写作

公文写作，是指公务文书的起草与修改，是撰写者代机关立言，体现机关领导意图和愿望的写作活动。现代公文，主要指党政机关在实施领导和行政管理过程中形成的具有法定效力和规范体式的文书，是进行领导管理和公务活动的重要工具。也泛指各级各类机关、社会团体、企事业单位制订、使用的公务文书。

公文的基本功能包括：规制令使、明事通情、参谋决策、宣传舆论、商洽联络和存储凭证。其主要特征有主题的职能性、材料的可靠性、结构的逻辑性、表述的简明性和体式的规范性。

现实工作中，不少机关工作者经常要与公文打交道，每天都要接触大量的公文。如果公文不合格，势必影响流转的速度，并会给单位平白地增添许多麻烦。由此体现，公文的合格与否决定着事务处理的麻烦与否。公文中常见的内容错误主要分布在公文标题、正文和结尾三个部分，同时，公文写作中也常出现标点符号错误。

对于公文标题，错误类型主要包括文种重复、介词连用、缺介词、“转发”与“印发”混淆、用词不当、漏发文形式及文种等，例如将“《关于……的函》”写为“《关于……意见的函》”，造成文种重复。

对于公文正文，错误类型主要包括引文不规范、标注简称不规范、层次序号错误、简称错误、时间表述不当、前后用词不统一、多个附件排列不当等，例如“《国家×××创新纲要》（下称《纲要》）”的正确写法应为“《国家×××创新纲要》（以下简称《纲要》）”。

公文结尾，常见错误类型为抄送部分处理不当，例如“抄送：建设公司、粤高速、中山市交通局、省交通运输厅”的写法，错在没有考虑多个单位并列时，同一系统单位用“、”号，不同系统单位用“，”隔开，最后加“。”号，由此正确的写法为“抄送：建设公司、粤高速，中山市交通局，省交通运输厅。”。

标点符号也是公文的有机组成部分，其常见错误类型如下：

（1）多个书名号或引号并列时使用顿号分隔，例如“各中小学要积极贯彻落实《中华人民共和国预防未成年人犯罪法》、《中华人民共和国未成年人保护法》、《中华人民共和国义务教育法》及相关要求”中应去掉“、”。标有引号的并列成分之间、标有书名号的并列成分之间通常不用顿号。若有其他成分插在并列的引号之间或并列的书名号之间，宜用顿号。

（2）在标示数值和起止年限时使用连接号不规范，例如“要加快工程进度，确保科技园 3-5 年内建成”。公文中，标示时间、地域的起止一般用一字线（占一个字符位置），标示数值范围起止一般用浪纹线。

（3）在并列分句中使用逗号统领，例如“各职能部门在查处取缔无证无照经营工作中要各司其职、互相配合，工商部门负责查处取缔未取得有效许可证擅自从事经营活动的行为；工信部门负责依法监督管理无线电和电子电器产品维修行业；公安部门负责依法监督管理旅馆业、公章刻制业”中应将“各司其职、互相配合”后的“，”修改为“；”即用分号隔开的几个并列分句不能由逗号统领或总结。

（4）同一形式的括号套用。

（5）阿拉伯数字表示次序时使用点号不当，其中带括号的汉字数字或阿拉伯数字表示次序语时不加点号，不带括号的阿拉伯数字、拉丁字母做次序语，后面用下角点（圆心点）。

（6）附件名称后使用标点符号，而正确的写法是附件名称后不用任何标点符号。

（7）二级标题在换行分段情况下使用句号是为多此一举，如使用句号则不需要换行分段。

2. 会议记录

会议记录是指在会议过程中，由记录人员把会议的组织情况和具体内容记录下来。无论会议的形式如何，会议记录都是至关重要的。

在做会议记录之前，应明确这篇会议记录能够发挥的作用，以及带来的价值，会议记录真实地反映了会议的本来面貌，记录了会议传达的精神、会议的决定和会议对重大事项做出的安排，会议后期形成文件要以会议记录为依据，与会者在会后执行会议安排时也要参考会议记录。一段时间后，人们凭借记忆可能很难回想起会议的内容，但是只要有会议记录存在，人们仍然可以通过会议记录了解会议的情况。

表 8-3　会议记录示例模板

<table>
<tr><td colspan="4">会议记录</td></tr>
<tr><td>与会人员</td><td></td><td>缺席人员</td><td></td></tr>
<tr><td>会议主持人</td><td></td><td>会议时间</td><td></td></tr>
<tr><td>会议主题</td><td colspan="3"></td></tr>
<tr><td colspan="4">主要内容：（分点概括，力求简练，写清楚下一步的行动及负责人）
1.
2.
3.
4.
记录人：
日期：</td></tr>
</table>

会议记录的内容主要包括以下几项：

（1）时间：包括日期及具体时刻。

（2）地点：哪个办公楼的哪个会议室。

（3）会议主题：尽量详细，如有多个主题，应全部写上。

（4）主持人：一般都是本部门或本单位的主要负责人。

（5）参与人：将所有与会者写上。

（6）缺席人：要写明缺席原因。

（7）记录人：一般就是本人。

写会议记录应做如下准备：

（1）如果已提前下发会议议程的，了解会议议程就可以做到对整个会议的大体框架有整体概念，写会议记录时按照大体框架写就容易得多。

（2）准备好做记录的工具，比如录音笔、手机等，会后通过这些工具可以再现会议过程，如有不明确的地方，可以再听一下录音文件，以保证会议记录的准确性。

（3）会议中，有不明确的地方一定要现场问清楚，这一做法对记录人员来说可以保持自己对会议的积极性，而不是简单机械地记录，也能保证会议记录的准确性。

【沟通小贴士】

写会议记录的技巧

（1）快，即书写运笔要快，记得快。

（2）要，即择要而记。就记录一次会议来说，要围绕会议议题、会议主持人和主要领导同志发言的中心思想，与会者的不同意见或有争议的问题、结论性意见、决定或决议等做记录。

（3）省，即在记录中正确使用省略法。如使用简称、简化词语和统称。

（4）代，即用较为简便的写法代替复杂的写法。

3. 通知的撰写

通知，是运用广泛的知照性公文，一般由标题、主送单位（受文对象）、正文、落款四部分组成。

通知适用于批转下级机关的公文，转发上级机关和不相隶属机关的公文；发布规章：传达要求下级机关办理和有关单位需要周知或共同执行的事项；任免和聘用干部。

根据适用范围的不同，通知可以分为六大类：

（1）发布性通知：用于发布行政规章制度及党内规章制度。

（2）批转性通知：用于上级机关批转下级机关的公文，给所属人员，让他们周知或执行。

（3）转发性通知：用于转发上级机关和不相隶属的机关的公文给所属人员，让他们周知或执行。

（4）指示性通知：用于上级机关指示下级机关如何开展工作。

（5）任免性通知：用于任免和聘用干部。

（6）事务性通知：用于处理日常工作中带事务性的事情，常把有关信息或要求用通知的形式传达给有关机构或群众。

在工作和学习中，事务性通知占大多数，以下为一则事务性通知的模板。

通　知 为了认真总结 20××年村民委员会工作，及时规划部署新一年各项工作，定于×月×日（本周×）15：00 在光明镇政府大楼 304 会议室举行村委干部工作部署大会。请相关村委干部相互转告，准时参加。 特此通知。 ××市光明镇人民政府 20××年××月××日

指示性通知正文的写作框架如下：

（1）通知缘由。

发布指示、安排工作的通知，这部分的写法跟决定、指示很接近，主要用来表述有关背景、根据、目的、意义等。

（2）通知事项。

这是通知的主体部分，所发布的指示、安排的工作、提出的方法、措施和步骤等，都在这一部分中有条理地组织表达。内容复杂的需要分条列款。

（3）执行要求。

发布指示、安排工作的通知，可以在结尾处提出贯彻执行的有关要求。如无必要，可以没有这一部分。

4. 报告的书写

报告是一种搜集研究事实的人与由于某种目的而要求看报告的人之间的信息或建议的交流形式。报告的最终作用通常是作为决策和行动的基础。

不管读者是否知道相关技术细节，报告对所有可能的读者都应是易于理解的。报告的内容表述方式应使计划清楚，以使读者很清楚有关内容所在及原因。

表 8-4 展示了报告的基本结构及要素。

（1）内容简介。

报告的简介应该做到：越简单越好，但要清楚说明真正的主题，指出报告的目的，正确地把读者的注意力吸引到真正的主题和目的上，并据此说明正文的安排计划，与后面的内容相协调。

表 8-4　报告的基本结构及其要素

部分	要素
内容简介	授权调查范围或目的
	程序或方法
正文部分	主要的事实
最后部分	结论
	建议
	附录

（2）正文部分。

报告的正文部分需列出所有的论据，并采用相关方法论证观点，并分析这些材料，引导读者合乎逻辑地得出最后部分的结论和建议。

（3）最后部分。

最后部分的作用在于简要、清楚、总结性地提出结论和建议。一个成功的结论部分特征是：不要再引入新的观点，给读者有实用性的建议。

【总结与回顾】

书面表达是沟通三种形式中最正式、最耗费时间但是最有影响力的一种表达形式。书面表达因其上述特点而具备一些原则：受众导向的信息组织原则和文章要素的写作原则都是保障书面沟通效果的关键。在本章中，列出了书面沟通的几种常见的形式，如公文、会议记录、通知和报告，都需要大家反复练习才能取得较好的学习效果。

【自我技能测试】

书面表达能力测试

你是否善于运用书面形式表达自己的观点？请根据自己实际情形如实回答以下问题。

1. 在与他人沟通时，你经常采用书面表达方式吗？
   A. 从来没有　B. 很少　C. 有时　D. 大多是　E. 经常是
2. 你是否认为书面表达比其他方式要更容易？
   A. 从来没有　B. 很少　C. 有时　D. 大多是　E. 经常是
3. 当你与同事联系时，经常采用书面表达方式吗？
   A. 从来没有　B. 很少　C. 有时　D. 大多是　E. 经常是
4. 你是否因为麻烦，拒绝使用书面表达形式与人沟通？
   A. 从来没有　B. 很少　C. 有时　D. 大多是　E. 经常是
5. 在书面表达你的观点时你是否非常注意措辞？
   A. 从来没有　B. 很少　C. 有时　D. 大多是　E. 经常是
6. 你在使用书面表达时，是否注意表达的格式与规范吗？
   A. 从来没有　B. 很少　C. 有时　D. 大多是　E. 经常是
7. 你是否能够熟练地运用各种书面表达方式进行沟通？
   A. 从来没有　B. 很少　C. 有时　D. 大多是　E. 经常是
8. 你是否认为你能够准确地使用书面表达方式达到沟通的目的？
   A. 从来没有　B. 很少　C. 有时　D. 大多是　E. 经常是

得分与解释

评分标准：A—1 分，B—2 分，C—3 分，D—4 分，E—5 分。

结果评价：8 ~ 16 分：你的自我表达欲望和能力都还很不够，需要大力加强。

17 ~ 32 分：你具有一定的自我表达欲望和表达能力，同时又能自我控制。

33 ~ 40 分：你的自我表达欲望和能力都很强，甚至有时过于表现自己，这既是你的优点，又可能成为你不受别人欢迎的原因。

【笔记栏】

第九章

非语言表达

案例导入

中国“第一夫人”的非语言魅力

2013 年 3 月 22 日，国家主席习近平的夫人彭丽媛陪同习近平对俄罗斯、坦桑尼亚等国家进行国事访问。并出席在南非德班举行的金砖国家领导人第五次会晤。

彭丽媛是至今为止第一位在国际舞台上扮演重要角色的中国“第一夫人”。在这次引人瞩目的首秀中，彭丽媛衣着时尚得体、举止大方，加上本身的艺术家气质，给了世界一个精彩的“亮相”。她在俄罗斯参观孤儿学校和亚历山德罗夫红旗歌舞团，向坦桑尼亚妇女与发展基金会赠送缝纫机和书包。这些带有公益性和个人特色的活动也同样为中国“第一夫人”的形象加分添彩。

现如今，在各国的交往中，国家形象已经上升到国家利益的层面，一个国家对外形象的好坏，很大程度决定着这个国家被世界包容程度的深浅，而领导人的形象最能直观地体现国家形象。彭丽媛作为“第一夫人”的精彩亮相不但增加了中国人民的自信感，同时在国际舞台上树立了良好的形象，体现了大国的自信。

（来源：金环，李专. 管理沟通[M]. 上海：上海交通大学出版社，2017.）

9.1 非语言表达的基本概念

非语言沟通（nonverbal communication）指的是使用肢体语言、副语言、空间利用以及沟通环境等进行沟通。在沟通中，信息的内容部分往往通过语言来表达，而非语言则作为提供解释内容的框架，来表达信息的相关部分。

非语言表达可以分为副语言和肢体语言。

1. 副语言

副语言是指说话的方式，包括说话的频率、音调、音量等。

（1）频率。根据相关研究，人们的说话速率在每分钟 120 ~ 261 个字。

（2）音调。音调指声音的高低。音调可以决定一种声音听起来是否悦耳。

（3）音量。信息的含义可以受到音量的影响。

（4）语气词。语气词指语言学中毫无意义，但是却颇具意味的词，如嗯、啊、呦、哎呀等。

（5）声音的总体质量。声音的总体质量是由所有其他声音特点构成的，如速度、回音、节奏和发音等。

2. 肢体语言

肢体语言，指非词语性的身体符号，包括目光与面部表情，身体运动与触摸，姿势与外貌，身体间的空间距离等。我们在与人交流沟通时，即使不说话，也可以凭借对方的身体语言来探索他内心的秘密，对方同样也可以通过身体语言了解我们的真实想法。人们可以在语言上伪装自己，但身体语言却经常会“出卖”他们，因为，身体语言有私密特征，每个人都有一个体语密码，通过解译人们的体语密码，可以更准确地认识自己和他人，比如人在下意识、无意识中流露出来的一些东西。

肢体语言包括两种，一是静态的肢体语言，二是动态的肢体语言。

静态的肢体语言是指任何一个人，他/她的穿着、服饰、配饰虽然没有发声，但是却散发着丰富的信息，告诉大家他/她的职业、身份、收入、阶层、审美等。因此，我们要善于管理自己的静态肢体语言。

动态的肢体语言是指沟通者要善于通过变换位移，拉近或放远沟通距离，来达到强调沟通效果、延长沟通场景的目的。诸如鼓掌表示兴奋，顿足表示生气，搓手表示焦虑，捶胸代表痛苦等。当事人以这种肢体活动表达情绪，其他人可通过这些细节看出当事人想表达的心境。

表 9-1 列出了常见的肢体语言及含义。

表 9-1　肢体语言及含义

肢体语言表述	行为含义
手势	柔和的手势表示友好、商量，强硬的手势则意味着：“我是对的，你必须听我的。”
表情	微笑表示友善礼貌，皱眉则表示怀疑和不满意
眼神	盯着看意味着不礼貌，但也可能表示兴趣，寻求支持
姿态	双臂环抱意味着防御，开会时独坐一隅意味着傲慢或者不感兴趣
声音	演说时抑扬顿挫表明热情，突然停顿是为了造成悬念，吸引注意力

9.2　非语言表达的重要性

加州大学心理学教授艾伯特·梅拉比安提出的梅拉比安模型告诉我们，在人们进行语言交流的时候：55%的信息是通过视觉传达的，如手势、表情、外表、装扮、肢体语言、仪态等；38%的信息是通过听觉传达，如说话的语调、声音的抑扬顿挫等；剩下只有 7%来自纯粹的语言表达。

由此可以知道，非语言表达在沟通过程中占据重要地位，善用非语言表达可以帮助我们建立良好的第一印象。

需要说明的是：尽管 7%的信息内容看似比重不大，但其实在一个完整的沟通中有着不可替代的作用，正是这完整、专业、精确打造的 7%才传递出了这个人语言背后的功力和职业化的水平。这要求信息的传递方在加强非语言表达的修饰和渲染的同时，仍然不能忘了语言本身的精准和提炼。生活中有一种现象，是我们看一个人，尤其是当他是个演员时，他给大家留下深刻印象的往往不是他说了什么，而是他怎么说。因此，要善于利用自己的非语言表达，它无关多少，重在恰当。如果我们在与人沟通时恰当地加上一些非语言表达的技巧，就能让我们的语言更具说服力和感染力。当然，语言表达和非语言表达二者传达的信息需要是一致的，否则，过于夸张的非语言表达会被认为是虚伪做作的表现。

9.3 非语言表达和语言表达的关系

人际互动时，从解读身体语言得来的讯息，往往比口语还多。这些无声的线索包括表情、眼神、姿态、手势、声音、触摸，甚至衣着、距离等。心理学家认为，这些身体讯息和语言表达间关系如表 9-2 所示：

表 9-2 身体讯息和语言表达关系

重复（Repeating）	重复口语内容。例如看病时，同时用口语和手势指出不舒服的部位
矛盾（Contradicting）	非语言与语言讯号不一致。例如交叉双臂、看着地上，木着脸说："我赞成你的看法。"
代入（Substituting）	看到有人眼眶泛红，泪光莹莹，不用解释也知道他正伤心难过
强调（Accenting）	以行动加强语意。例如皱眉、掩鼻说："他的位子真是脏死了！"
调节（Regulating）	例如用眼神暗示下一位可以准备发言；说话速度放慢表示快结束了等

身体就像一个无法关闭的传送器，无时无刻不传达着人们的心情和状态。语言通常表达思考性的想法或概念，而非语言讯息则较能传递情绪和感受，因此在解读时，必须考虑当下情境、关系深浅、文化背景等影响。例如西方社会里，拥抱、亲吻是普遍的社交礼仪，但在其他文化中，可能就会被误解成轻佻无礼。虽然身体语言是追踪心理状态的利器，但也会遇到模棱两可的情况，因此要多方观察，才不会以偏概全。

姿势、表情和动作，可以透露真实的个性与想法，如：

（1）开放与接纳：咧嘴而笑；掌心打开；双眼平视。

（2）配合：谈话时，身体前倾，坐在椅子边缘；全身放松、双手打开；解开外套纽扣；手托着脸。

（3）防卫：双臂交叉于胸前；偷瞄、侧视；摸鼻子；揉眼睛；笑时紧闭双唇。人不但在说话的时候用手的动作来加强语气、辅助表达，而且在危急或特定之时，也会用手势代替说话。手势也是国际性的语言，人们在异国他乡语言不通时也大都用手势提问或致意。身体的姿态和动作所表达的意思是多种多样、丰富而又复杂的，如“双臂交叉抱在胸前”这个姿态。一般来说，这种姿态是企图防御对方精神上的威胁而下意识形成的防范动作。如果双臂紧紧交叉，双手紧握，这就暗示出更强烈的防御信息和敌对态度，并会伴随着咬紧牙关、涨红脖子的面部表情。

（4）言辞固然能表达一个人的态度，但肢体语言却能加深对对方的感染。懂得了这一点，我们在讲话时，眼神、表情、动作和气质与述说的内容就应做到同步化，使自身的形象更完美，使自己的话更容易被他人所接受。

9.4 外界对非语言表达的感知

很多著名人士都对于肢体语言提出了自己的观点。

查尔斯·达尔文说：“读懂肢体语言，无论对学习和工作都很有用。”朱利乌斯·法斯特说：“很多动作都是事先经过深思熟虑，有所用意的。不过也有一些纯属于下意识。比如说一个人用手指蹭蹭鼻子下方，则说明他有些局促不安，如果抱住胳膊，则说明他需要保护。但也包括一种个人的个性化，所以这些举动也不是绝对表示这样的意思。”弗洛伊德·西格蒙德说：“人类不自觉的心理状态，能在自身不留意之间，在行动上毫无保留地暴露出来，因为内心的精神状态，无论如何刻意地隐藏，一定会在外表的行动上露出破绽。”

除了肢体语言的重要性，还需要习得如何合理运用身体语言，即身体语言使用过程中的六大技巧。

9.5 非语言表达的技巧

1. 眼神沟通

眼睛是心灵之窗。人的情绪、态度和感情的变化，都可以从眼睛里显示出来。在非语言沟通中，眼神居首位，其次才是微笑和点头。一个人要注重对自己眼神的训练和利用。眼神可以体现我们正在认真听人讲话；可以实现各种情感的交流；可以调整和控制沟通的互动程度；可以传送肯定、否定、提醒、监督等讯息；可以传达出对事情的信心度。演讲时，眼神要流动，眼神接触能使人更加亲密，能使对方更加信任你，表达出喜欢和对方交流。在交流和介绍自己的过程中，要尽量看着对方的眼睛，这一点很重要，眼神接触也要保持一段合适的时间，间隔两到四秒钟最好。在人际交往过中，我们应该学会观察对方的眼神，以便不断调整自己的交往方式。

2. 姿势沟通

成功的姿势沟通包括：

（1）上台讲话时，体重平衡落在脚趾之间；留心下半身的姿势，注意双腿不要抖动，舒适并且雅观，收小腹。

（2）宣布重要事项时，站起来以示尊重。

（3）如果对别人的演讲很感兴趣，上身可以轻轻前倾表示自己的兴趣。

（4）与人对话时保持目光平视，不要把目光集中在地上，给别人一种不信任的感觉。

（5）在与人交流谈判的过程中，我们的身体姿势、身体语言、身体动作甚至是身份都需要调整和改变。例如，在谈判中过早暴露自己的身份可能将自己置于进退两难的境地。而往往隐藏自己的身份，才能更加客观有效地交流谈判，随机应变制定有效的方法与措施。

3. 表情沟通

表情最短可持续 1/25 秒，虽然一个下意识的表情可能只持续一瞬间，但很容易暴露人的情绪。面部的变化（如笑、皱眉、发怒）能迅速提供很多信息，明显地反映人的心情、意图。人类面部表情学家艾克曼曾走访世界各地，研究各种文化背景下的人，发现人类主要拥有七种表情：

高兴：嘴角翘起，面颊上抬起皱，眼睑收缩，眼睛尾部会形成“鱼尾纹”；

伤心：眯眼，眉毛收紧，嘴角下拉，下巴抬起或收紧；

害怕：嘴巴和眼睛张开，眉毛上扬，鼻孔张大；

愤怒：眉毛下垂，前额紧皱，眼睑和嘴唇紧张；

厌恶：嗤鼻，上嘴唇上抬，眉毛下垂，眯眼；

惊讶：下颚下垂，嘴唇和嘴巴放松，眼睛张大，眼睑和眉毛微抬；

轻蔑：嘴角一侧抬起，做讥笑或得意笑状。

在社交过程，善用微笑可以缩短距离。微笑是最易得的通行证，微笑是最有效的敲门砖。善于微笑，给别人报以微笑是快速解决问题的一个途径。

4. 空间距离沟通

空间距离是指个体之间在进行交往时通常保持的距离。

亲密距离——0.45 米以内，这是私密的人才能进入的空间，否则对方会感到不适。

个人距离——0.45 至 1.2 米，端茶，交谈等个人社交。

社会距离——1.2 米至 3.6 米，可以打招呼，可以说话，做手势。

公众距离——大于 3.6 米，不能进行社交的距离。

5. 手势沟通

手势要大方、丰富以及富有美感，同时不要让身上带有不加管理、毫无约束，甚至下流不雅的手势。

示例：当给他人指示方向的时候，说“您请这边走”并两眼朝向指示方向，面露自然微笑。五指并拢，指示不要用单一手指。

握手是社交场合以及身体语言里特别重要的一个行为。令人愉快的握手：坚定有力，热情大方，目光接触，面露微笑。令人反感的握手：软弱无力或过分用力，目光斜视对方。需要注意的是，虎口对虎口，表示对对方的一种完全信任，同时要注意握手的力度。

6. 穿着装饰沟通

衣品不代表人品，却代表个人发出的信息。服饰包括服装、化妆、发型和配饰。穿着需要符合时间、地点以及场合的要求。

肢体语言需要注意的是要表现出自信、自重但不傲慢。所谓沟通之道，也是这样。给别人足够的空间，同时规范好自己的举止、设计相应的服饰搭配、利用周边的环境和物件以及长期自觉的训练才能更好地处理在沟通过程中所遇到的问题。

我们可以通过肢体语言了解别人内心的想法。与此同时，肢体语言除了影响别人，更影响我们自己。权利和支配的非语言表达是一种舒张，无助和无力的非语言表达是一种蜷缩，我们的想法可以改变我们的肢体语言。

9.6 非语言表达的注意点

1. 理解自己的肢体语言

（1）要自然。

就算能按照惯例，规规矩矩地将自己的身体动作控制得很好，仍然有可能看起来很虚假、僵硬。我们永远能找出一些可以改进的地方，从而让自己的意图表达得更有效。同时还需要很自然地做出这些动作，不能像机器人似的。

（2）识别肢体语言模式。

要有意识地注意到自己在和不同的人交往时，会使用什么不同的动作。可以用镜子观察自己的面部表情和动作，但要注意自己在生气、紧张和高兴的时候身体有什么动作。

恰当地使用自己的身体语言，应做到以下几点：

① 经常自省自己的身体语言；

② 有意识地运用身体语言；

③ 注意身体语言的使用情境；

④ 注意自己的角色与身体语言相称；

⑤ 注意言行一致；

⑥ 改掉不良的身体语言习惯。

自省的目的是检验自己以往使用身体语言是否有效，是否自然，是否使人产生过误解。

（3）确定肢体语言确实传达出了想要表达的内容。

如果传达出的意思确实是自己想要表达的，那就很好。如果你的非语言表达和说的话一致，就不仅能表达得清楚明白，也会给人一种很有魅力的感觉。

（4）关注整体。

不用追求每个细节都到位，只要整体效果能表达出自己的意思就行。

2. 适当正确地使用手势

（1）强调一个点，多用几次手势，这样有助于更好地表达。

如果想让对方知道自己没误解他的意思，可以一边大声说话，一边做手势并重复两遍。若是听的人没明白你第一次的手势，也能通过第二遍的手势明白是什么意思。不必说每句话都使用一次（或两次）手势，准备一些不同的手势来强调一些重要又容易被误解的概念是个很不错的办法。

（2）有积极含义的动作要朝着听众做。

这样能让说话者更清楚地表达出在给听众以肯定的答案。有否定含义的动作要远离听众做。这样说话者的意图就能清楚地表达出来，对方不易误解。

（3）小心使用手势。

留意自己边说边做出的手势。有些手势能有效地强调论点，但有些会起到反作用，甚至会冒犯对方，让对话进行不下去，让对方不想继续聊。观察对方的手势传达的意图也很重要。

（4）要始终注意其他的肢体信号。

比如，游离的眼神、摘衣服上的毛、不住地吸鼻子等。这些小动作多了，就会削弱表达的信息的有效性。不过，如果偶尔有这些动作，也不用担心，关键是要确保自己的肢体语言不会让双方分心。

3. 关注听众

要站在别人的角度来考虑。要培养自己的观察能力，不要简单地下结论，同样的身体语言在不同性格的人身上意义可能不同。一个活泼、开朗、乐于与人交往的人，在与自己交往时会运用很丰富的身体语言，可能会与你保持较近的距离，也时常带着甜蜜的表情与自己谈话。但是，这可能并没有任何特殊的意义，因为他与其他人的交往也是这个样子。

然而换成一个文静、内向的人，上述的信息可能就意味着他对自己有一些好感。相类似的，解释别人的身体语言还要考虑情境因素。同样是笑，有时候是表示好感，有时候是表示尴尬，而有的时候又表示嘲讽，这都需要加以区别。理解别人的身体语言，最重要的是要从别人的角度来考虑问题。要用心去体验别人的情感状态，当别人对你表情淡漠，也很可能是由于对方遇到了不顺心的事，因此不要看到别人淡漠就觉得对方不重视。

当然，不必认识听我们说话的所有人，但要是有人随着我们说话而点头，并且一直认真看着我们的时候，就说明他在认真倾听，我们也要因此而感谢对方。

关注听众应主要做到以下几点：

（1）有意识地使用面部表情。

为了表达热情和共鸣，可以用温和的表情关注对方。要注意避免做出一些消极的表情，比如皱眉头、竖眉毛。具体表情的含义也要看具体环境，包括文化环境，所以要根据具体情况具体分析。

注意那些意想不到的动作可能产生的跨文化冲突。如果你不知道一些动作有什么文化含义，那么在开始和不同文化的人交流之前，就得先询问对方是否有什么文化上的禁忌。

（2）关注到所有听众。

如果在一间会议室里讲话，就要注视在场每个人的眼睛，忽略任何一个人都很容易被当作冒犯，还可能让我们丢掉生意、无法被录取、失败，或是无法实现正在努力追求的事。如果是对一位听众说话，就要适当停下来，眼神与对方接触两秒钟以上，随后再重新开始讲话。这能让听众觉得受到了重视。

（3）要注意眼神接触所具有的文化意义。

有些文化里，眼神接触会让人感到不自在，需要在沟通中提前搞清楚。

【总结与回顾】

非语言表达是在面对面沟通时附带的一种沟通补充。来自语言文字的信息，其社交意义远远不如非语言的信息。非语言表达的方式诸如面部表情和语音语调，可以强化语言沟通的效果，也可能会起相反的作用。因此正确了解自己和对方的非语言信息和表达是一种能力。非语言沟通的内涵丰富，广为人知的有副语言、身体语言和对物体的操控。有意识的非语言沟通的尝试、训练和自我检测是提高其效果的有效途径之一。

【自我技能测试】

1. 一些城府深的人是否会故意流露出一些行为特征来误导我们的判断？如果有，那我们又该怎么办呢？

2. 自己和对方讲话时，长期看对方面部某一位置的话，可能会让眼睛变得呆滞，也会让自己觉得不自然，这时是否需要转移一下目光？转移目光的时机又该怎样拿捏？

3. 和对方交流时，对方表现出不耐烦，这时肢体语言怎样才能帮上忙呢？

4. 测试量表。

（1）你是否在行走、站立或就座时保持笔直的姿势？

（2）你是否在面对别人时保持直立？

（4）你是否站立的时候脚尖向外而不向内？

（5）你是否用中等速率讲话，大声而且自信？

（6）你是否经常以放松、自然流露的方式微笑？

（7）你是否在交谈时与周围的人保持目光接触？

（8）你是否手势放松、不机械，包括以欢迎的方式指向别人，而不是以指责的方式，比如使用手势来表示“你是正确的”，或者“轮到你发表评论了”？

参考解析

懒散和瘫软通常被解释为低自信的反映。

晃动通常被解释为低自信和缺乏领导力的标志。

脚尖向外通常被视为处于较高地位，而脚尖向内则被视为自卑的象征。

缺乏自信的人往往说话过快或很慢。

【笔记栏】

第十章

沟通中的倾听与反馈

案例导入

一家商业地产公司，于某中心城市的繁华地段开发了一个商业项目。由于前期的工程建设比较匆忙，以及地下建筑结构本身比较复杂，存在很多遗留问题，这些问题导致了很多的客户投诉。为此，项目经理专门召开了部门会议。

项目经理："今天我在现场巡视时，一个租户投诉说一个漏水问题报了半个月，仍没有得到解决。客户今天去追问我们的客服人员，才知道客服人员已经报给工程部了，但具体进展到哪里不是很清楚。怎么会出现这样的问题呢？"

客服人员："我一接到客户的信息反馈，当时就打电话给工程部的接单人员了，让他们把维修单派下去。"

工程接单员："我们部门在接到维修单时肯定会立即把维修单指派给相应的工程人员去维修的。"

项目经理："那这张维修单现在到底处理得怎么样了？你们谁知道？"

客服人员和接单员："……"

本来很简单的维修问题，为何没有得到迅速有效的执行呢？其问题就出在该商业地产公司的客服部门没能及时跟进。其实，企业在实际工作中往往存在许多需要员工主动跟进的情况，这些工作如果不及时跟进，就很难如期完成或取得成效。

在上述案例中，如果客服人员在告知工程部维修事项后，能主动有效地跟进工程部的工作并进行相应的督促，同时及时向客户解释，告知客户工程部的工作进展，那么即使工程部不能立即解决问题，由于客服部及时向客户进行了解释，客户的投诉和不满也会相应减少；同时，如果工程部的接单人员具备跟进意识，将问题解决的情况及时主动地通知客服经理或客户，那么也能避免客户投诉和不满情况的出现。

在任务执行中，方方面面的事情都需要跟进：

上级交代的事情，管理者需要跟进，以掌握事件的进展；

下属制订的工作计划，上司需要跟进，以确认实施的效果；

与客户约定的见面时间、地点等需要跟进，以确保约见如期进行；

采购物资，需要及时跟进，以了解货物目前所处的地点；

在会议上形成的决议，需要及时跟进，以落实会议达成的计划；

提交给客户的方案或解决措施需要跟进，以获得对方案的修正意见和实施情况；

新员工入职，管理者也要跟进，以了解该员工在本公司的工作情况；

上级对下级制订的工作计划需要跟进，以随时了解工作进度；

…………

10.1 沟通中的倾听

1. 什么是倾听

“倾听”这个词在生活中十分常见，我们倾听别人的意见、倾听别人的故事，但是倾听远远没有我们想象得这么简单，能成为一名优秀的倾听者是不容易的。“倾听”与“听”不一样，“听”是听别人说话，“倾听”则是要听懂别人说话。除了疾病、外伤造成的失聪或者使用耳塞之外，人们几乎无法停止“听”，不管我们想听还是不想听，耳朵都会接受所有的声波并将其传到大脑。我们一直在听，却不一定在倾听。我们生活中所说的“听不进去”“左耳进右耳出”就是属于听但是没有倾听。

那么怎样才算倾听？倾听，至少在沟通的角度是解读别人所说信息的过程。一个好的倾听者所接受到的表达者传达的信息包括：听到的基本语言信息、隐含的信息、非语言表达的信息。

2. 倾听的重要性

在与人建立关系上，倾听至少与“说”有着同等重要的地位。事实上，与其他沟通形式相比，人们确实花费了更多的时间在倾听别人说话上。一项对大学生的研究显示，他们的沟通时间中，平均有 11%的时间花在书写上，16%的时间用在说话上，17%的时间花在阅读上，而多达 55%的时间花在倾听上。其中，倾听信息的来源主要包括大众媒介和人际沟通。（见图 10-1）

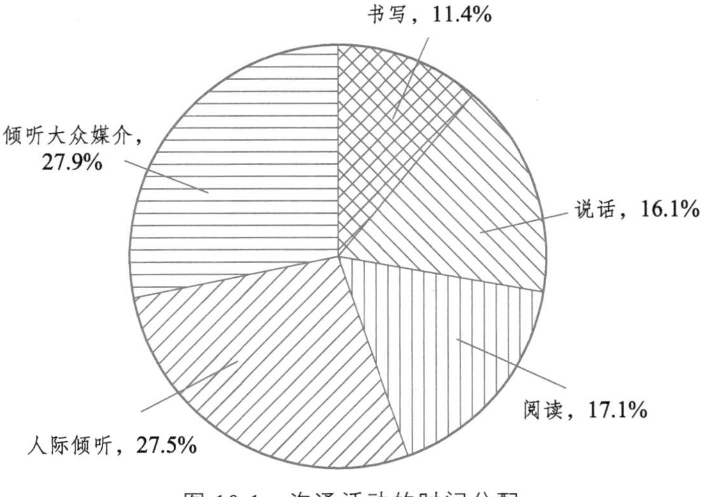

图 10-1　沟通活动的时间分配

在实际工作中，倾听被充分证明是管理者最基本的素质之一。日本松下电器的创始人松下幸之助把自己全部的经营秘诀归结为一句话：首先细心倾听他人的意见。在实际工作中，信息通畅对于企业的日常运营有着巨大的作用，倾听作为获取信息的重要途径，是需要被重视起来的。

3. 倾听的过程

倾听分为接收、专注、理解、记忆四个过程。

（1）接收。

当听到声音并留意到当中的信息，这时，接收就开始了。在这个过程中，会受到很多因素的影响，其中包括背景噪音、注意力不集中等。如果周围的环境中有其他嘈杂的声音，尤其频率又刚好与接收的信息一样时，就会很难从所处的背景中获取到我们需要接收的重要信息。除了环境的外在因素，自身的内在因素也会影响接收的过程，比如睡眠不足、身体困乏导致注意力不集中，这时我们的大脑将信息屏蔽，使得信息无法被接收。

（2）专注。

接收是一个生理过程，而专注是一个心理过程。大脑对信息的处理量是有限的，我们不可能专注于信息发送者说的每一字，所以，我们必须过滤掉一些信息，以便能够将注意力放在重要的信息上。我们的愿望、需求、欲望和兴趣等，都决定了我们选择的信息焦点。当和朋友聊天的时候，聊着不感兴趣的事物时，我们会更留意周围的环境，寻找更加有趣的事物；当聊感兴趣的事物时，我们会兴高采烈地和朋友探讨这个问题。

（3）理解。

理解发生在弄清楚一个信息的意思的时候。接收者往往不能明白表达者真正想传达的信息，一是因为可能自己的认知不够，理解信息存在困难；二是因为不能全维度了解表达者的意思。前者主要出现在我们不熟悉的领域，而在现实中更多出现的是后者。事实上，每条信息都是一个装有许多消息的包裹，这无疑是人际沟通如此复杂、容易受到干扰的原因之一。

为了能够有条理地展示信息中包含的多个消息，我们将信息分为四个维度：事实维度、自我表达维度、关系维度、诉求维度。（见图 10-2）

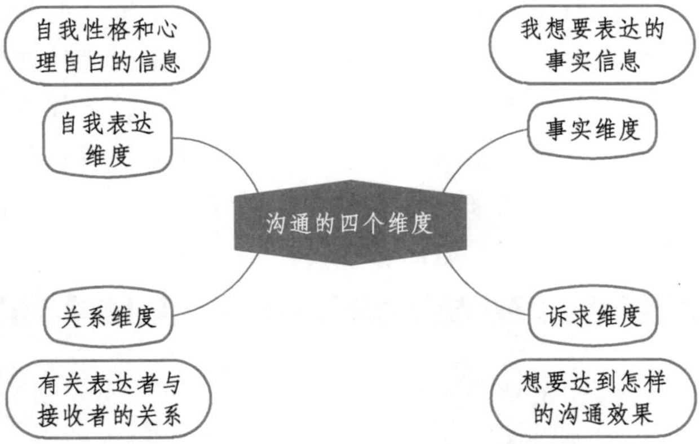

图 10-2　信息的四个维度

① 事实维度。

事实是信息的基础维度。人们发送的每条信息都包含着表示事实的信息，当我们客观看待表达者传达的字面信息时，就已经从事实维度理解信息了。

② 自我表达维度。

除了客观事实，在事实维度的基础上，人们的表达通常都会加上一些自己的主观看法，表达出个人信息，包括心里的想法和自身的情感。

③ 关系维度。

关系维度主要体现发送者对接收者的看法和态度。通常，这一维度会通过措辞、语调和其他非语言表达展现出来。如果观察得足够仔细，我们可以从中察觉到自己被怎样对待。

④ 诉求维度。

没有什么内容只是“说说而已”，几乎所有的信息都具有影响接收者的功能。发送者信息传达的诉求可以是让接收者付诸某种行动或停止某种行为，也可以是让接收者进行思考或感受。

4. 记忆

记忆是记住信息的一种能力。如果我们无法记住自己听到的信息，便会枉费我们对倾听所做的努力。研究指出大部分人对刚刚听完的信息只能记住 50%的内容；八小时内这个数据会下降到 35%；两个月后平均只会剩下 25%。由此看出，能够被我们的记忆所保留下来的只有很小的一部分。

所以，通过以上对倾听过程的认识，我们应该能了解到有效倾听是一件多么困难的事。

10.2 沟通中的反馈

在人际沟通中，倾听发送者的信息后，接收者需要做出适当的反馈。作为一个优秀的倾听者，在倾听表达者传达信息的过程中，首先须让表达者感觉到我们给予对方的关注，在倾听后，也应给予对方适当的回应。换一个角度，假如你认为某人是一个优秀的倾听者，你为什么会认为他具有倾听能力？可能是因为他在你说话时使用了回应，当你说话时他的眼神与你接触，并且时不时点头示意，当你说到重要的事情他聚精会神，当你说到不可思议的事情时他表示惊叹，当你表示沮丧时他给予鼓励，当你受到伤害时他给予关心。沟通从来都是双向的，反馈是沟通中重要的一环，在不同的情景中，对于不同的人，我们需要做出有针对性的反馈。

【沟通小贴士】

成为良好的倾听者需要做到以下几件事：

（1）不要随便打断别人说话。

（2）要与讲话者保持眼神接触。

（3）用同理心去倾听。
（4）无条件地听。

10.3 高效沟通的基本步骤

在接收信息后，应该对模糊不清或者自己不懂的地方提出疑问，并应该用自己的语言解释接受的内容，进行确认。

倾听与反馈只是沟通中的基础部分，要想做到高效沟通，要做到以下的步骤：事先准备—确认需求—阐述观点—处理异议—达成协议—共同实现。

1. 事先准备

在沟通之前要先明确自己的目标，预测可能发生的情况。

首先，在与别人沟通之前，心里一定要有一个目标，明确自己希望通过这次沟通达到什么目的，即确定自己的目标。

其次，需要制订一个计划，可以列一个表格，把要达到的目的、沟通的主题、方式以及时间、地点、对象等列举出来。

然后，要预测可能遇到的争端和异议，根据具体情况对可能性进行详细的预测。

最后，要明确双方的优势劣势，设立一个合理的双方目标，这个目标要求大家都能接受。

这些事先准备，就是为了确定我们沟通时想要达成何种目标。因此，在与别人沟通面谈时，首先要说："我这次与你沟通的目的是……"

【沟通小贴士】

在与他人正式沟通之前，我们应该做到：
（1）了解沟通对象，包括他的性格、背景。
（2）明确双方的目标，并在适当时候做出调整。
（3）制订具体的详细计划，包括对沟通中可能存在的意外情况的处理。
（4）让对方明确你的目标，表达简短有力。

2. 确认需求

通过倾听完全理解对方所要表达的意思，做到有效沟通，了解对方的需求和目的。

第一步，积极地聆听对方，用心和脑去听，设身处地地去听，以便了解对方的意思。

积极聆听方面，有重要的需要注意的要点和技巧。聆听时，不要同时对比自己的经验和想法，因为这样就无法做到"设身处地"，导致此时就不能获得准确且有效的信息。聆听时，我们需要做到积极回应，包括点头和话语上的肯定，给对方鼓励，并让他继续讲下去，我们便可能获得更多信息。聆听时也应该适时提出问题，简单重复内容，然后归纳总结，从而更准确地理解对方的意图，并及时表达自己的感受。与倾诉者有了对话和互动之后，对方可以更清楚地表达自己内心。

第二步，进行有效的提问，通过提问更明确地了解对方的需求和目的。

有效的提问，需要更高级的技巧和对话方式。问题通常有两种类型，分为封闭式问题和开放式问题。封闭式问题类似“会议结束了吗？”，只能用是否来回答；开放式问题类似“会议是怎么结束的？”，对方就有更多可以回答的内容。在一段谈话刚开始时，我们总希望营造轻松的氛围，这时候便可以选择开放式的问题，同时也适用于对方比较拘谨时；在话题跑偏方向不对时，可以选择一个封闭式问题扭转局面，使场面不会尴尬并且转回原有的轨道。两种方式各有利弊，封闭式问题可以节省时间却不利于收集信息；开放式问题可以使气氛轻松却浪费时间、容易偏离主题。特别要提到的是，有的问题对收集信息不利，在交流过程中我们应尽量避免使用。

第三步，及时确认需求，当没听清，或者没有理解时，要及时沟通，一定要完全理解对方所要表达的意思，做到有效沟通。我们应用友好委婉的语气询问自己不清楚的内容，进而让对话顺利进行下去。

例如，在询问机票情况时，采用问题“请问今天是否有成都到北京的空余机票？”能更快获得准确信息，若问“今天有八点钟到北京的飞机吗？”得到的回答可能是没有，问九点钟的，依然可能是没有。实际上提问者只是想知道适合自己的航班，前一种提问能更快也更准确地获取信息。

只有确认好需求才能进行下面的会谈，才能最终达到双赢的局面。那这就对聆听技巧有了很高的要求。

【沟通小贴士】

有时听见对方问“为什么？”这句话时会觉得很突兀，实际上是因为对方没有听清或者没有理解，所以我们需要再次表达，并且使对方明白。但是注意在提问时要少问为什么，少问带引导性的问题，少问多重问题。因为问很多为什么容易使对方觉得你缺乏专业性知识，引导性问题容易使对方觉得你很强势和强硬，多重问题使对方不易回答。

3. 阐述观点

通过自己的语言，将自己的观点表达出来。

在表达观点的时候，有一个非常重要的原则，就是 FAB 原则。F 代表属性，A 代表优势，B 代表利益。例：你看我这沙发，真皮的，非常柔软，坐上去很舒服。一句话就很明确地说出了沙发的属性，由属性再引发出优势，再由优势提出打动对方的利益。这样无疑会使观点更具说服力，也就赢得了在接下来签订协议时的主动。

4. 处理异议

在沟通中，总会有与别人意见不一的时候。异议的出现可能会带来争吵与矛盾的激化。这时候如何处理非常重要，这关系到沟通是否能继续进行，以及沟通的目的是否能顺利达成。对于其他人的异议，可以通过沟通，利用“借力打力”等方法，最终说服对方。

在与他人沟通过程中，若与他人之间出现了异议，应先思考这个异议出现的原因，到底是自身的问题还是对方的。如问题在自己身上，那么就应该及时进行自我反思，并自我改正。若问题不在自己身上，也不要直接指出对方的错误，可以委婉地指出对方的不妥之处，让对方意识到问题所在。这样可以避免很多不必要的争吵和冲突。

当然，在沟通中，很多时候异议的出现并不是因为某一方的观念或价值观有问题，仅仅只是因为沟通双方的观念或价值观不同而导致的。这个时候，如果我们想让这次沟通有效地进行下去，就需要做出一定的让步，找到对方的观点中对自己有利而又不违背自己原则的点来发挥，以说服对方进而达成一致的认识；或者也可以顺着对方的观点“借力打力”，用对方的观点来说服对方。

前者要先对对方的观点表示肯定认同，然后就其中的一点展开，阐述出其中不妥之处。在这个过程中，要善用“如果”而不是“但是”。虽然这两个词意思相近，都表示转折，但“如果”显得更委婉，让人听起来更舒服，不会产生反感。比如说沟通时出现异议，我们可以说：“平心而论其实我觉得你的说法是非常正确，一开始我就是这么认为的，如果状况变成……，我们是不是应该……，会更好呢？”

而后者借力打力的方法则更多地用于处理对方观点不是十分明确，甚至只是一个借口的时候。这个方法就是要先说出对方观点的不对，并直接转换成对自己有利的陈述。借力打力法的重点就在于，要说出自己的建议是能给对方带来较大利益的，这样就可以引起对方注意，顺着己方的观点进行下去。这样便能很好地处理眼前的异议，并有效地减少了以后异议出现的可能性。

总的来说，处理异议最重要的就是要保持冷静理智的态度，在激动愤怒的情况下，无论是谁都不能有效地处理好。心平气和地交流，理智地思考分析，才是有效处理异议的基础。

5. 达成协议

通过双方不断沟通，双方观点最终达成一致。

沟通的结果就是要达成协议。一定要注意：是否完成了沟通，取决于最后是否达成了协议。如果没有达成协议，那么就不能称之为沟通。在实际的工作过程中，常见到大家一起沟通过了，但是最后没有形成一个明确的协议，大家就各自去工作了的情况。由于对沟通的内容理解不同，又没有达成协议，最终导致工作的效率低下，又增加了很多矛盾。所以，在和别人沟通结束的时候，我们一定要用这样的话来总结：“非常感谢你，通过刚才的交流，我们现在达成了这样的协议……你看是这样的一个协议吗？”这既表达了感谢，又重述了协议，并确认了对方是否认可这个协议。一个非常重要的沟通技巧就是在沟通结束时候一定要进行总结，这是一个非常良好的沟通行为。

在达成协议时，一个人的表现应该礼貌得体，我们应该感谢、赞美与庆祝。我们要善于发现别人的支持以便给予感谢，要与合作伙伴、同事分享成功。也要记得对合作者的杰出工作给予回报。

【沟通小贴士】

（1）在达成协议的时候，要做到感谢别人。

（2）感谢别人时，我们一定要真诚，要发自内心地感谢。

（3）在达成协议时，要做到赞美别人。

（4）在达成协议时，要庆祝这一协议的达成。

6. 共同实现

达成协议后，双方共同努力实现后续的工作，向着新的目标发展。

通过前面的步骤，如果已经达成协议。那么恭喜你，你已经完成了有效沟通。但是之后少不了“共同实现”这一步。

在实际工作中，任何沟通的结果，仅仅意味着一项工作的开始，而不是结束。达成协议后，我们应该做的便是共同努力，共同实现目标。

（1）为什么这一步不可缺少？

一次高效沟通的完成是要有“效果”的。如果这次沟通并没有达成目的、实现目标，那么就不能称之为一次高效的沟通。虽然沟通已经达成了协议，但是后续的工作仍是要继续的。如果达成了协议就放弃了下一步的沟通，就代表了我们失去了对这次沟通最后成效的把握。

（2）为什么在“共同实现”中仍需要沟通？

在一起完成协议内容时，良好有效的沟通是非常有必要的。在这个合作过程中，如果双方缺少了沟通，极有可能把原能够“一加一大于二”的情况弄成事半功倍的局面。

【总结与回顾】

沟通中的倾听与反馈描述了一个共性的过程，本章详细解析了沟通倾听的四个维度、反馈的必要性以及高效沟通的基本步骤。学习了本章内容后，读者可以在生活中的沟通场景思考是否做到了高效沟通的基本步骤，从而提高沟通效率。

【自我技能测试】

积极倾听的态度量表（Active Listening Attitude Scale，ALAS）

	倾听态度			
1. 我要在对方结束讲话之前就开始讲话。	1	2	3	4
2. 当倾听别人时，我经常在了解情况之前就开始和对方争论。	1	2	3	4
3. 在倾听时，我倾向于与其他人交谈，坚持听他/她的琐碎话。	1	2	3	4
4. 我习惯从批评的角度看另一个人。	1	2	3	4
5. 当我想说些什么时，我会打断其他人。	1	2	3	4
6. 我倾向于敦促对方语速更快。	1	2	3	4
7. 当我的观点与他人不同时，我倾向于否认对方的观点。	1	2	3	4
8. 在与他人交谈时，我倾向于以有指导性和说服力的方式进行交谈。	1	2	3	4
9. 在与他人交谈时，我倾向于坚持我的观点。	1	2	3	4
10. 在倾听的时候，我会由于不理解对方的感受而感到恼火。	1	2	3	4
11. 当我心情不好时，我说话会很有进攻性。	1	2	3	4
12. 我会专心听对方讲话。	1	2	3	4
	听力技巧			
13. 当他/她说话时，我会冷静地听对方说。	1	2	3	4
14. 听别人说时，我会设身处地地替他人着想。	1	2	3	4
15. 我会在脑海里总结对方说的话。	1	2	3	4
16. 关于对方说的话，我有时会给一个简短的摘要。	1	2	3	4
17. 我习惯于认真听别人的话。	1	2	3	4
18. 对方犹豫不决时，我会给他/她机会说：“例如，这是这样的吗？”	1	2	3	4
19. 听别人说话时，我会注意他/她未表达的感受。	1	2	3	4
20. 听别人说话时，我会更多地关注对方的感受的变化，而是谈论谈话的内容。	1	2	3	4
21. 在听别人讲话时，我能意识到自己的感受。	1	2	3	4
22. 我很高兴能给另一个人一些建议。	1	2	3	4
	谈话机会			
23. 我亲自与他人交谈。	1	2	3	4

24. 有人向我请教过建议。	1	2	3	4
25. 我是那种人们觉得容易沟通的人。	1	2	3	4
26. 如非必要，我不喜欢和别人交谈。	1	2	3	4
27. 我通常愿意跟别人交流。	1	2	3	4
28. 我会直接表达我的感受。	1	2	3	4
29. 我会倾听别人的担忧，但是我不会向别人倾诉。	1	2	3	4

得分与解释

评分标准：1=1 分，2=2 分，3=3 分，4=4 分。

结果评价：得分达 108 ~ 116 分，你是一个优秀的倾听者；

得分在 96 ~ 104 分，你是一个很好的倾听者；

得分在 81 ~ 92 分，你是一个勇于改进、尚算良好的倾听者；

得分在 70 ~ 80 分，在有效倾听方面，你确实需要再训练；

得分在 69 分及以下，你迫切需要改善倾听。

【笔记栏】

第十一章

人际沟通的风格

案例导入

张某作为A村乡村道路规划的主要负责人，一直担负着巨大的工作压力。M湾M组是A村一个人口密集区，由于该区域建设前期未做公共交通规划，该区交通道路单一且道路狭窄。对此，2018年3月，村民提出要求，即要求对该区进行道路扩修。

了解到村民的要求后，他立即召开专题会议进行研究，会后组织相关人员紧锣密鼓一并赶赴现场进行勘查、调研，加班加点，与相关人员及村民访谈；随后，在最短的时间内向主管部门递交相关问题的说明。然而，相关部门考虑到法律法规以及安全隐患，将该提议驳回。他并没有因为遇到困难而放弃村民的要求，而是迎难而上，又主动表示："尽管在该区域进行道路扩修存在一定的困难，但是，为了解决本地区村民出行需求，我们有信心克服存在的一切的困难。"随后，经过不懈努力，反复交流，多方沟通，在三个月内该区域道路扩修完毕并投入使用。此举措得到该地区村民的一致认可。开通初期，当地村民多次自发组织前往去致谢锦旗，感谢他们解决了村民"出行难"的问题，为其真心实意为民众办实事的态度点赞。

11.1 选择与沟通对象接近的方式

我们在工作生活中，都会遇见不同类型的人。物以类聚，人以群分，两个风格相似的人沟通效果会更好。只有了解不同人在管理沟通过程中的不同特点，才有可能用相应的方法与其沟通，最终达成一个完美的结果。具体的方式有：

（1）谈心式。同沟通对象交流时要坦诚相待，相互平等地交谈。态度要热情，语气要和蔼，气氛要宽松。

（2）启发式。当沟通对象对某个问题答不上来或不愿回答时，要给其正确的启发和引导，有些问题回答不对时也要及时给予纠正。

（3）问答式。当自己提出的问题要求对方明确回答时，需要罗列好谈话提纲，先问什么，后问什么，哪些是重点，都应该做到心中有数。这样，才能保证沟通的效果。

【沟通小贴士】

1. 当对方情绪激动时应该怎样做？

不要主动提及问题，以安抚对方情绪为主，等对方冷静下来再聊。

2. 对不同的类型的人要采用怎样的沟通方法？

按照对方想法进行沟通。如对方是一个严肃认真、有条不紊、注意细节的人，我们在沟通时需要一样做到严肃认真。而如果对方是一个热情、直率友好、不注重细节、幽默的人，我们在沟通时需要配合对方，通过一些动作眼神与对方交流。

3. 怎样达到有效的沟通？

从对方感兴趣的话题入手；紧紧围绕对方的利益来展开话题；多提问，诱导出对方的想法和态度；以商讨的口吻向对方传达自己的主张和意见；注意力集中，尽可能多的与对方进行目光对接交换。

4. 怎样跟对方沟通更加礼貌？

在跟对方沟通时善于用肢体语言和眼神交流，不能一直自己一个人说，要引导别人开口，表达其意见。

11.2 人际风格的分类

【经典案例】

"三打白骨精"的故事也能很好地反映出不同类型的人在面对同一件事时的差异。一心想吃唐僧肉的白骨精，见孙悟空不在，化作一个美少妇，想趁机掳走唐僧。八戒见了美少妇，使尽浑身解数搭讪，想讨人家欢心。正在此时，悟空化斋回来，见了白骨精抡棒就打。唐僧见状，立即喝止悟空。可悟空见了妖精岂能不打，一棒结果了美少妇性命。唐僧急了眼，立刻念起了紧箍咒。沙和尚见状，立刻向唐僧求情："师傅，大师兄也是为了保护你，大师兄做得对呀。"唐僧虽宅心仁厚但坚持原则，滥杀无辜必须惩处，把孙悟空逐出了师门。沙和尚又追上来安抚："大师兄，师傅撵你走，也是出于无奈，师傅做得对呀。"

唐僧为何如此坚持原则，没有证据绝对不相信悟空的判断呢？

悟空为何不能屈服，非直来直去见妖就打呢？

八戒为何见了异性就走不动道儿，非要讨人家欢心呢？

沙和尚为何刚说师傅做得对又说大师兄做得对，两头儿当好人呢？

1. 人际沟通风格的分类

（1）人际沟通风格类型。

管理沟通中的人际风格可以从情感度和表达度上归为四大类：分析型（猫头鹰）、和蔼型（考拉）、表达型（孔雀）和支配型（老虎）。（见图 11-1）

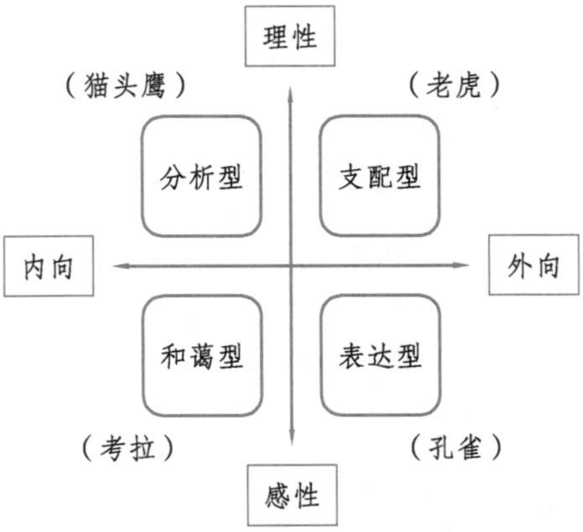

图 11-1　人际沟通风格类型

（2）各种人际沟通风格的特征。

① 分析型：

· 严肃认真	· 动作慢
· 有条不紊	· 合乎逻辑
· 语调单一	· 准确语言，注意细节
· 真实的	· 有计划有步骤
· 寡言的、缄默的	· 使用挂图
· 面部表情少	· 喜欢有较大的个人空间

分析型人际交流风格具有能发现问题、缄默少语、注意细节、注重准确与精确、爱思考、爱做文字记录、爱阅读和写东西等性格特点。这些人十分理性，做事追求细节和精确性，没有具体的证据几乎不会情感用事。这也能解释唐僧的做法：虽然悟空的目的是保护自己，但拿不出证据就算是滥杀无辜。师徒二人虽情谊深重，但滥杀无辜就必须惩处甚至逐出师门，凡事都要有精确的依据而绝不能意气用事。显然，这种人际交流风格有利有弊，要扬长避短，就必须试着不要太刻板，要适当附和别人，要会去赞美别人。

② 支配型：

· 果断	· 有作为
· 指挥人	· 强调效率
· 独立	· 有目光接触
· 有能力	· 说话快且有说服力
· 热情	· 语言直接，有目的性

除了分析型的“唐僧”们，我们的身边还有很多以“孙悟空”为代表的老虎型，即有着支配型人际交流风格的人。“老虎”们具有决断、直截了当、重利益、对时间十分敏感、好胜、以结果为导向、没有耐心、注重短期回报等特点。所以明知道唐僧最讨厌滥杀无辜，明知众人会误解自己，孙悟空还是不肯屈服，直来直去地见妖就打，至于长期影响，这类人不会也没有耐心去考虑，嫉恶如仇的他们总是风一般地决断，直截了当地做出符合他们好胜心的事情。拥有这样性格的人，最需要改进的是要学会

说对不起。

③ 和蔼型：

· 合作
· 友好
· 赞同
· 耐心
· 轻松
· 办公室里大概率有家人照片
· 面部表情和蔼可亲
· 频繁的目光接触
· 说话慢条斯理
· 声音轻柔，抑扬顿挫
· 使用鼓励性的语言

和蔼型的人极其敏感，对自己的情感表达比较压抑，让人很难去真正了解他们内心的想法。他们往往会关注到他人很细微的一些表情或者动作，然后会凭自己的想象臆断出很多内容。比如你和他对话时，开始一直保持微笑，但你突然不笑了，这类人就会想：他为什么不笑了？是不是我哪句话说错了？会不会是我得罪他了？是不是以后他就不来找我了？而且对于内心的种种想法，他们往往不会倾吐出来，会憋在心里反复琢磨。而这样的做法最后很可能会导致消极的结果。

④ 表达型：

· 外向
· 直率友好
· 热情
· 不注重细节
· 令人信服
· 幽默
· 合群
· 活泼
· 快速的动作和手势
· 生动活泼、抑扬顿挫的语调
· 有说服力的语言
· 陈列有说服力的物品

表达型的人具有比较不注重细节，一些比较琐碎的事常常容易忘记的特点。这种类型的人在交流过程中是很活跃的，他们很愿意也擅长表达自己的情感，但有时他们会显得过分热情，过分想要表达自我，从而让与其交流的人感到有些压迫感，有些无所适从。而且他们有时显得自我了一些，没有关心到身边人的情绪。

【沟通训练】

1. 完成一项工程，领导和技术指导员哪个岗位更适宜分析型的人？
2. 人际风格是从哪两个方面分类的？
3. 分析型和支配型的人，哪个更容易调动起他们的热情？
4. 分析型和支配型的人，哪个更需要给他们留有更大的个人空间？
5. 支配型的人在人际沟通中需要注意什么？
6. 分析型的人在人际沟通中需要注意什么？
7. 与分析型的人交流时，我们是否应该尽快切入主题？
8. 在支配型的人面前说话时，声音应该是要大还是要小？
9. 与哪个类型的人接触时，要避免目光接触？

11.3 与不同风格的人沟通的技巧

1. 与人沟通的前提

（1）不同的人，在不同的场合，对于不同的角色，会呈现不同的风格。

（2）团队里需要不同人际风格的人相搭配。

（3）不要过于对人分类、贴标签，只需要做适当观察、分析。

2. 不同人际沟通风格类型特点分析

（1）分析型。

① 特征识别：

·对待任何事情都严肃认真，但动作思维缓慢。

·在他们手里的事情都有条不紊，合乎逻辑，完成任务有计划有步骤。

·说话时语调单一，没有太多的感情色彩，面部表情少，性格缄默，喜欢有较大的个人空间。

·他们的语言描述准确，甚至于精确。他们注意细节，喜欢真实地反映事实。

·倾向于使用挂图和海报等方式进行教育宣传。

② 应对的策略方法：

因为分析型的人注重细节，所以和他们相处的我们也要注意细节。

·遵守时间，要有较强的时间观念。

·单刀直入，尽快切入主题，拐弯抹角和旁敲侧击只会让他们更加反感。当和分析型的人有共同的工作任务时，要一边说一边拿纸和笔在记录，像他一样用认真一丝不苟的态度对待工作。

·但值得注意的是，与分析型的人沟通时，我们也要注意自己的肢体语言和神情语言。不要有太多和他眼神的交流，更要避免有太多身体接触，身体不要太多的前倾，应该略微的后仰，因为分析型的人强调安全，要尊重他的个人空间。同分析型的人在说话的过程中，适宜用准确的专业术语，要多列举一些具体的数据，多做计划，使用图表。

③ 分析型类型总结：分析型的人是理性和内向的一类人。

平日里他们言语不多，但他们对别人所注意不到的细小事物有更强的敏感性，对生活有更细致更清晰的观察。他们要不就不说话，要说话都是说一些富有专业性并且很准确的语句，他们对待工作一丝不苟，态度十分认真，因此具备高效率。在社交生活方面，他们喜欢给自己留下很大的空间，强调自身安全，避免和他人有太多的身体接触。因此，在面对他们的时候，最好能了解以上几点，并保持相对一致，才更容易与他们融洽相处。

（2）支配型。

① 性格特征：

·行事果断，更加强调效率，讨厌低效的一切。

·有能力去做很多事情，在某一些领域上很有作为，做事有很强的目的性和功利性。

·喜欢当指挥人的角色领导众人，说话快且有说服力，热情，语言直接，喜欢和别人目光接触。

·他们更独立，面部表情比较少，情感不外露，是有计划的，审慎的。生活习惯上倾向于使用日历。

② 应对的策略和方法：

·支配型的人非常强调效率，要在最短的时间里给他一个非常准确的答案，而不是一种模棱两可的结果。

·和他沟通的时候，可以问一些封闭式的问题，他会觉得效率比较高。

·要讲究实际情况，有具体的依据和大量创新的思想。

·同支配型的人沟通的时候，一定要非常直接，不要有太多寒暄，直接告诉他你的目的，要节约时间。

③ 支配型类型总结：支配型的人是理性和外向的一类人。

支配性的人最大的特点就是有很强的功利色彩和成就意识，他们往往在某一方面有较强的能力，同时他们也很渴望用自己的才能有所建树，所以在这种功利思维的支配下，一方面，他们十分强调效率的重要性，对自己和他人都要求尽可能高效，另一方面，他们喜欢以领导人的身份去管理别人、指挥别人，去做到一些自己一个人做不到，而一个集体却能做到的事情，这也是功利思维延伸拓展的一个体现。在生活上，他们更加独立，有自己的一些想法和处世原则，他们对待事物的热情态度是由功利思维所激发出来的，所以他们本质上并不喜欢表达自己的情感和内心想法，他们倾向于使用日历，是因为他们想对自己所有的时间都有所掌控。

（3）和蔼型。

① 和蔼型人物的特点：

合作，友好，耐心，轻松，倾向于表示赞同，面部表情和蔼可亲，有频繁的目光接触；说话慢条斯理，声音轻柔，抑扬顿挫，常使用鼓励性的语言。

② 与和蔼型人物沟通的注意事项：

说话要比较慢，要注意抑扬顿挫，不要给他压力，要鼓励他，去征求他的意见。所以，遇着和蔼型的人要多提问：“您有什么意见？您有什么看法？”问后会发现，他能说出很多非常好的意见，如果不问的话，他则基本上不会主动去说。

遇到和蔼型的人一定要注意同他进行频繁的目光接触。每次接触的时间不用很长，但是频率要高，大概三到五分钟就要同他的目光接触一次，但是不要盯着他不放，这样沟通效果会很好。

（4）表达型。

① 表达型人物的特点：

外向，热情，直率友好，令人信服，幽默，合群，活泼，具有说服力。

② 与表达型人物交往的注意事项：

·在和表达型的人沟通的时候，声音一定要洪亮。

·要有一些动作和手势，如果我们很死板，没有动作，那么表达型的人的热情很快就消失掉，所以要配合他，在他做动作的过程中，眼神一定要看着他的动作，否则，他会感到非常的失望。

·表达型的人特点是“只见森林，不见树木”。所以在与表达型的人沟通的过程中，要多从宏观的角度去说：“你看这件事总体上怎么样”“最后怎么样”。

· 说话要非常直接，表达型的人不喜欢说话拐弯抹角的人。

· 表达型的人不注重细节，甚至有可能说完就忘了。所以达成协议以后，最好与之进行书面的确认，这样也可以提醒他。

【总结与回顾】

在沟通中，我们要学会辨别不同沟通类型的人，运用相应的沟通技巧来促进彼此之间的沟通。本章详细分析了 4 种类型的人际沟通风格，以及对应的沟通方法。读者可以将本章的知识运用到生活中，探寻每个人的沟通风格。

【自我技能测试】

1. 填空题

（1）A 是一个内向的男职员，他思维缜密，注重细节，工作一丝不苟，并且酷爱阅读专业书籍，并且常常将所学的专业术语运用到生活当中去。那么他是_____型的人

（2）B 是某工厂的主管，他常常用挂图的方式来提醒自己，并常常用挂图和海报，向职员宣传工厂近来的主要业绩和未来目标。那么他是_____型的人

（3）C 是某乡村企业的总经理，他年富力强、说话直接而热情，他想要在企业发展上一展宏图，他也很喜欢做公司的总经理的职位。那么他是_____型的人。

（4）D 是某工厂的负责人，他强调工厂各个部门要有高效率，这样所研发出来的产品才更能为工厂谋取利益，同时他对工厂的生产任务也有审慎的考虑和周密的计划。那么他是_____型的人。

答案：（1）分析；（2）分析；（3）支配；（4）支配。

2. 人际风格测试

请回答以下 A、B 两套题（见表 11-1 与 11-2）。如果左边的描述更接近你的实际情况，请给自己 5 分以下；如果接近右边的描述，请给自己 6 分以上。分数的高低并不代表好与差，只是测试人际风格。人际风格也没有好与差之分，因此，请如实回答。答完每套题后，将分数相加，得出该套题的总分；算出分数后按后面的要求继续。

表 11-1　A 套题

1. 面对风险、决定或变化反应迟缓谨慎	1 2 3 4 5 6 7 8 9 10	面对风险、决定或变化反应迅速
2. 与大伙一起讨论时不常主动发言	1 2 3 4 5 6 7 8 9 10	与大伙一起讨论时经常主动发言
3. 强调要点时不常使用手势及音调变化	1 2 3 4 5 6 7 8 9 10	强调要点时经常使用手势及音调变化
4. 表达时经常使用较委婉的说法	1 2 3 4 5 6 7 8 9 10	表达时经常使用较直接的说法
5. 通过阐述细节内容强调要点	1 2 3 4 5 6 7 8 9 10	通过自信的语调和坚定的体态强调要点
6. 通过提问用来检验理解、寻求支持或获得更多的信息	1 2 3 4 5 6 7 8 9 10	通过提问用来增强语言气势、强调要点或提出异议
7. 不爱发表意见	1 2 3 4 5 6 7 8 9 10	愿意发表意见
8. 耐心、愿意与人合作	1 2 3 4 5 6 7 8 9 10	喜欢竞争
9. 与人交往讲究礼节、相互配合	1 2 3 4 5 6 7 8 9 10	喜欢挑战、控制局面
10. 如非必要，很可能会附和他人的观点	1 2 3 4 5 6 7 8 9 10	意见分歧时，愿意坚持自己的观点并要分辩到底

续表

11. 含蓄、节制	1 2 3 4 5 6 7 8 9 10	坚定、咄咄逼人
12. 与人初次见面时，目光间断性注视对方	1 2 3 4 5 6 7 8 9 10	与人初次见面时，目光长久注视对方
13. 握手时轻柔	1 2 3 4 5 6 7 8 9 10	紧紧握手

A 项总分：___________。

表 11-2　B 套题

1. 戒备	1 2 3 4 5 6 7 8 9 10	坦率
2. 感情不外露。只在需要别人知道时表露	1 2 3 4 5 6 7 8 9 10	无拘束地表露、分享情感
3. 多数时候依据事实、证据做决定	1 2 3 4 5 6 7 8 9 10	多数时候根据感觉做决定
4. 就事论事	1 2 3 4 5 6 7 8 9 10	谈话时不爱专注于一个话题
5. 讲究正规	1 2 3 4 5 6 7 8 9 10	轻松、热情
6. 喜欢实干	1 2 3 4 5 6 7 8 9 10	喜欢社交
7. 讲话或倾诉时，表情严肃	1 2 3 4 5 6 7 8 9 10	讲话或倾诉时，表情丰富
8. 表达感受时不太注重非语言的反馈	1 2 3 4 5 6 7 8 9 10	表达感受时注重非语言的反馈
9. 喜欢听亲身经历的事实	1 2 3 4 5 6 7 8 9 10	喜欢听梦想、远见和概括性信息
10. 对人和事的应对方法比较单一	1 2 3 4 5 6 7 8 9 10	对别人占用自己的时间灵活应对
11. 在工作或社会场合需要时间去适应	1 2 3 4 5 6 7 8 9 10	在工作或社会场合适应较快
12. 按计划行事	1 2 3 4 5 6 7 8 9 10	做事长久、随意
13. 避免身体接触	1 2 3 4 5 6 7 8 9 10	主动做出身体接触

B 项总分：___________。

得分与解释

根据两套题的得分，在图 11-2 中确定自己的位置

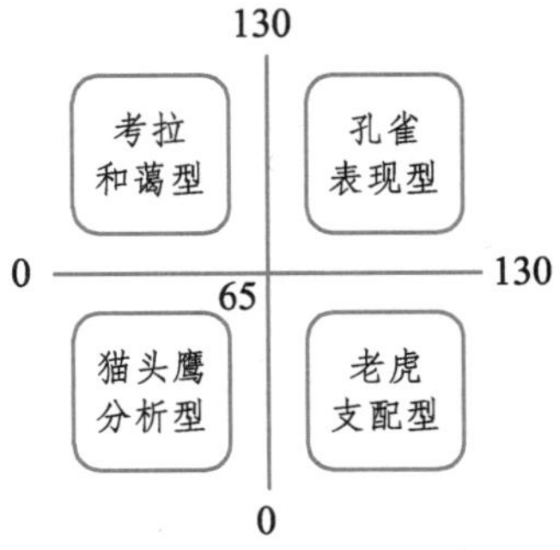

图 11-2　四种人际沟通风格的分类分布

【笔记栏】

第十二章

对上沟通

案例导入

沃尔玛公司促进上下沟通

A 作为分管公司生产经营副总经理，接收到有一工程项目即将进行招标的消息，随后 A 以电话的形式向总经理进行了汇报但未得到明确答复,随后 A 便组织业务小组对该项目进行跟踪，最终因准备不充分而导致项目竞标失败。事后，在总经理办公会上陈述有关情况时，总经理认为 A“汇报不详，擅自决策，组织资源运用不当”，并当着部门面给予了严厉批评，A 反驳认为是“已经汇报，领导重视不够、故意刁难”。由于双方信息传递、角色定位、有效沟通、团队配合、认知角度等存在意见分歧，致使公司内部人际关系紧张、工作被动，恶性循环，公司业务难以稳定发展。

12.1　对上沟通的基本思路

对上沟通是组织中的一种沟通方式。组织是具有层级结构的，在这样一个基础上，作为下属在和上级沟通时，要弄清自己的位置、争取领导的认可、学会和领导相处。

1. 弄清自己的位置

弄清自己位置就是要知道：第一，你是谁？第二，你的现状怎样？这个现状主要是指竞争环境。第三，你想要获得什么样的发展？为了更加了解自己、明白自己是谁，常做的一个工作应该是梳理自己的现状，了解自己优势和劣势，并确立自己的目标。达成目标的路径可能不同，但目标必须是一致和确定的，这就叫弄清自己的位置。

2. 争取领导的认可

“千里马常有，而伯乐不常有。”缺少领导的认可，我们的工作能力可能很难发挥到实处。所以应该积极地向领导展示，让他知道自己的能力，这样才能赢得机会去运用能力。争取领导的认可一定要主动，要时不时向领导汇报思想与工作。

【经典案例】

小王在合资公司做白领，觉得自己满腔抱负，但是没有得到上级的赏识，他经常想：如果有一天能见到老板，有机会展示自己的才干就好了。小王的同事小张，也有同样的想法，他更进一步，去打听老板上下班的时间，了解他会在何时进电梯，他也在这个时候进电梯，希望能遇到老板，有机会打个招呼。小李则详细了解老总的奋斗过程，弄清老总的毕业学校、人际交往情况，准备了几句简单却很有分量的开场白，再根据了解的时间去乘坐电梯，跟老板打过几次招呼后，终于有一天跟老板实现了谈话，展示了自己的想法。

3. 学会和领导相处

学会和领导相处，绝对不是一味地服从，而是要根据“你是谁”“你想往哪个方面发展”以及领导的沟通和管理风格，来建立一种方式跟他和睦相处。面对不同的领导，应恰当地选择相处方式，学会调整自己，与领导正确地沟通。

4. 选择恰当的时机和方式

懂得选择恰当的时机和方式，也是学会与领导相处的一种体现。想要达到沟通的目的，把握说话的时机与方式是非常必要的。只有找对了沟通的时机和方式，才能最大程度上保证沟通的质量。如果不分场合、不分时间地点想说就说，那往往只是浪费时间，甚至可能起到负面作用。

5. 充分为领导考虑

社会工作当中，要学会灵活地处理问题以及与上级交流沟通，在工作环境中把工作做得更加圆满、妥当。比如，和领导提意见建议的时候，可以先赞同领导的话，如果马上就反驳领导的意见，那就很难有继续对话、提建议的机会了。

13.2 关于对上沟通的建议

1. 确认上级的话并做好记录

与上级谈话之前，随身带好本子和笔，把上级确认后的要点记在笔记本上，包括具体任务、时间以及工作注意事项。

2. 尊重上级的面子和立场，不要当众让他难堪

上级难免也会有犯错的时候，无论如何，从为上级考虑的角度来说，都不宜当面直接指出来。在这种情况下，应当灵活地处理，比如私下跟上级交流。

3. 保持谦虚，避免恃才放旷

即使自己的功劳再高，也不能恃才傲物，喧宾夺主。作为下级，要清楚自己的定位，真诚接受上级赞赏的同时不能恃宠而骄，更不能目中无人、先斩后奏，避免破坏

向上沟通的环境。

4. 切忌越级报告

领导都希望自己能全面及时地了解下属各方面的动向，越级报告意味着同现在领导的沟通和管理失效，代表着他直接对这件事失去掌控力，这会给领导一种是“员工没把领导看在眼里”的感觉。

5. 和新上级沟通时，要避免提及以前的领导怎么做

新领导可能有不同的工作方式，要以不同的方式沟通，要尽快适应领导，调整自己来与领导相协调。切忌提及以前的领导怎么做，这样会使得领导以为在拿他与以前的领导做比较。

6. 提出问题的同时要提供解决方案

领导并不想过多地关注问题本身，他们关心的是怎么解决问题。所以提出问题之前，我们需要深入分析问题，带着一份解决方案去向领导提问题，这才是提问题的正确方式。在很多时候，解决问题不止一种方案，这时候我们需要提出几个解决方案，并分别说明优缺点，再由领导最后做选择。这不仅节省了领导的时间，也会在领导心中留下负责任、能力强的良好印象。

当对于决策有把握的时候，可以适当地表现自己。给领导提建议时，可以更加坚定、有底气一些，这样不仅使自己显得自信，更可以让领导觉得自己对工作有见解、有独立性，能够胜任这份工作。

7. 提出观点或建议时，不妨简明扼要

说话一定要简明扼要，不要拖泥带水。

8. 提供重大消息，最好有书面资料或支持性的证据

在战争中，一条关键性的情报将影响双方的胜负；在工作中，一条关键性的消息会影响领导的决策。当我们准备向领导提供重大消息时，必须要将支撑性的材料拿出来，验证信息的虚实。

9. 双方意见相左时，先认同领导，再表达自己的意见，请教领导

我们与领导看待问题的视角不同，分析问题得出的结论也可能不一样。这时，我们不能立刻判断结论的对与错。首先不宜顶撞领导，可以先认同领导的意见，再提出自己的判断，请教领导，这样才能共享双方的知识和情报，正确地处理问题。

10. 问题紧急时，赶快敲定时间和老板商讨对策

所谓“兵贵神速”，我们遇到紧急问题却不能做出判断之时，必须要赶快找到领导，力求做事快而准。否则问题会越来越严重。

11. 切忌报喜不报忧

有不利消息，也应及时报告，让领导知晓问题并解决问题，切忌只报喜而不报忧。

12. 随时让老板了解工作状况

随时让领导了解我们的工作进展，让他放心。

12.3 领导的看法

领导是怎么看我的？这个问题的答案非常重要。如何让领导觉得我是一个能干的下属？我们要做的事情就是通过各种各样的方式让他看到我们的工作态度和工作进度。

1. 主动汇报工作进度

领导心中通常都有个疑问，那就是：自己的下属究竟在忙些什么。下属好像每天都很忙，但是作为领导，经常过问下属的工作反而会消磨彼此的信任。因此作为下属要主动向领导汇报自己的工作进度，让领导心中有数，而不要等到工作做完了再向领导汇报。有时候工作中一个小小的疏忽，发展到最后就可能会演变成大错误，所以越早向领导汇报自己的工作进度，他就可以越早纠正错误和纰漏，避免发展成不可收拾的局面。同时主动汇报会让领导认为这是一个对工作积极且上心的下属。

2. 对领导询问有问必答，而且清楚，让领导放心

如果领导询问工作进度或工作成果，一定要有问必答，而且要回答得清清楚楚，明明白白，体现出认真的工作态度和优秀的工作能力，如果回答得含含糊糊，不清不楚，领导则会对下属的工作能力抱怀疑态度，从而不会加以重用。

【经典案例】

A 区某乡党委书记王明在乡里面组织完成一个银杏园项目。一次某市市委书记到乡里来视察。

市委书记看见一家农民的院子，驻足问道："现在这个乡还有多少驻守人口？"问到这个问题，陪同的领导都不能回答。王书记则回答道："436 户，书记。"王书记还将其中包括的男女老少的人数悉数说来。领导听罢直接将他叫到身边，请他介绍。一路上王书记说到他们花多少钱种一株银杏树、特色观赏果树、一共种了多少株、这座山的海拔、436 户人家是什么样的情况、他们现在做了多少个农家乐等，将乡里的情况一一道来，受到了书记一行的高度赞扬。这就是对领导的询问有问必答，而且清楚。

3. 学习职场语言，提升职场素养

当领导结束话题时，请在场的干部发言，这个时候应该说：

（1）既然点名让我发言，那我就抛砖引玉……

（2）同志们的话让我深受启发，我也简单谈谈自己的看法……

4. 接受批评，不犯两次同样的过错

"经营之神"王永庆说："检讨才是成功之母，失败了不检讨，会继续犯错误。"闻

名世界的美国石油大亨保罗·盖蒂曾经这样说过："犯错本身并不可耻，但是，被同一块石头绊倒两次，是莫大的耻辱。"当我们犯第一次错误的时候，领导可能还会原谅，觉得这是偶然，但是再次犯同样的错误，领导会失去信心，很难再将重要的工作交给由我们负责。

用心去思考为什么这块石头会绊倒我们，用心去体会摔倒时候的痛，用心去考虑如何避免另一块石头设置的障碍，才是真正应该要做的事情，才能避免再次被绊倒。

5. 不忙的时候主动帮助他人

当旁边的人做得不太好，并且自己不是太忙的时候，应该伸出手帮别人一把。这样做，领导会认为我们有团队精神，工作中很少见到一个人单打独斗就可以将工作完成得很出色，很多工作都是靠一个团队去完成的。团队成员之间合作密切，工作才能顺利完成。

6. 不能对领导的安排讨价还价

听从领导安排是上下级开展工作、保持正常工作关系的基础，是融洽相处的一种默契，也是组织观察和评价下属的一个尺度。作为一名下属应该遵从执行领导的决定，既不能事先加以指责，也不要事后轻易加以抱怨或轻视上级领导的决定，更不能不去执行命令。

7. 对自己的业务，主动提出改善计划——让领导进步！

工作汇报是对上沟通的主要桥梁，在和领导交流业务情况时，如果你能主动提出合适的改善计划，就很有可能给对方留下一个不错的印象。做到这一点，你在汇报工作时不仅仅是在与领导交流情况，而且也在帮助领导进步，无疑能提高你在领导心中的位置，从而让你日常的对上沟通更为高效。

【沟通小贴士】向领导请示汇报的程序

1. 仔细聆听上级命令

明确命令的时间、地点、执行者、为什么、做什么、怎么做、做多少。

2. 与上级探讨目标的可行性

对于可能出现的困难要有充分的认识，提出初步的解决方案。

3. 制定计划目标

白纸黑字，明确的时间表。

4. 工作过程中随时汇报

实时让领导知道工作情况和工作进度。

5. 工作完成之后还要及时地去总结

总结成功的经验和其中的不足之处，以便于在下一次的工作中改进提高。

12.4 与各种性格的领导的沟通技巧

现实中大致三种类型的领导：控制型、互动型和实事求是型。不同类型的领导性格特征也不同（见表 13-1）。与不同类型的领导相处，要学会使用不同的沟通技巧。

表 13-1　不同类型领导的性格特征

领导性格类型	性格特征
控制型	·强硬的态度 ·充满竞争心态 ·要求下属立即服从 ·实际，果决，旨在求胜 ·对琐事不感兴趣
互动型	·善于交际，喜欢与他人互动交流 ·喜欢享受他人对他们的赞美 ·凡事喜欢参与
实事求是型	·讲究逻辑而不喜欢感情用事 ·为人处事自有一套标准 ·喜欢弄清楚事情的来龙去脉 ·理性思考而缺乏想象力 ·是方法论的最佳实践者

控制型的领导一般要求下属立刻服从，对琐事不感兴趣。因此，在与控制型领导沟通时要做到简明扼要、干脆利索、不拖泥带水。并且在沟通时要尊重他们的权威，称赞他们时要称赞他们的成就。

互动型的领导喜欢与他人交流沟通，享受他人的赞美。所以，与互动型的领导相处，若要赞美需要真心实意发自内心，否则可能被认为是阿谀奉承而影响对个人能力的整体看法。沟通的同时也要注意肢体语言的表达是否得体，有意见要开诚布公地谈而不是私下里发泄不满。

实事求是型的领导讲究逻辑不喜欢感情用事，喜欢弄清事件的来龙去脉。与这一类领导沟通时，可以直入主题，对于领导提出的问题也直接作答。在汇报工作的时候，在一些关键性的细节多做一些说明。

通过以上内容我们可以看出，使用不同的沟通技巧主要是因为关系不同、理解的角度不同、所处的位置不同，最重要的是目的不同。因为目标不一样，可能做出来的行为就不一样。

【沟通小贴士】

说服领导的技巧

（1）选择恰当的提议时机。

（2）要利用有说服力的手段（资料、数据等）。

（3）设想领导质疑，事先准备答案。

（4）说话简明扼要，重点突出。

（5）面带微笑，充满自信。

（6）尊敬领导，勿伤领导自尊。

【总结与回顾】

争取让领导对我们有一个好的印象：

① 主动向领导汇报工作进度 ——让领导知道！

② 对领导的询问，有问必答，而且清楚 ——让领导放心！

③ 充实自己，努力学习，才能了解领导的言语 ——让领导轻松！

④ 接受批评，不犯两次过错 ——让领导省事！

⑤ 不忙的时候，主动帮助他人 ——让领导有效！

⑥ 不要擅自对领导的安排讨价还价 ——让领导圆满！

⑦ 对自己的业务，主动提出改善计划 ——让领导进步！

聆听领导的命令：弄清楚该命令的时间（when）、地点（where）、执行者（who）、为了什么目的（why）、需要做什么工作（what）、怎么样去做（how）、需要多少工作量（how many）。

【自我技能测试】

1. 除了努力工作外，如何能更快得到领导赏识？

2. 遇到困难找领导会被认为是能力不足吗？

3. 如何在主动汇报的时候做到张弛有度，既能汇报清楚，又不会招人烦？

4. 作为一个基层员工，上级领导不喜欢表达想法，那么具体应该怎样自开言路？

5. 如果向领导反映自己的想法时次次碰壁怎么办？

6. 在提出自己的看法和见解时，如何做到简明扼要？

7. 如果领导在开会，但是有一个非常重要的事情需要领导来处理，作为下属，我们应该打断会议吗？

8. 作为领导，如果在分配任务的时候大家都不愿意承担更多的责任，不愿毛遂自荐，该怎样调动大家的积极性？

【笔记栏】

第十三章

对下沟通

案例导入

某区政府办公室的王主任将年度工作研讨会现场的布置任务交给了下属小刘，要求小刘在星期五之前完成会场布置任务。接受任务后，小刘作为主管找来了三个下属，当面告知如何布置会场，并开始亲自准备。

结果到星期五时，王主任非常不满意会场布置，提出异议："为什么将椅子放成一排一排的，不便于大家交流呀！为什么只放三排，才 20 个座位，明天可能会来 40 多人，也没有准备矿泉水和纸笔！……"

一方面，作为下属，虽然小刘积极地执行了任务，但是上级王主任仍然不满意，感觉环境布置不合自己心意；另一方面，小刘感觉已经尽力竭力做好工作，王主任有些"鸡蛋里挑骨头"，过于苛刻。

13.1 对下沟通的含义

在组织中，管理者进行对下沟通是为了让下属知道自己的意图，告知下属解决问题的方法、今后的工作方向等，高效的向下沟通可以给予下属适当的压力，积极地影响下属的情绪，给他们激励、鼓舞和安慰。

在组织中，对下沟通的形式有三种：下达命令、督促检查和奖惩评价。下达指令要白纸黑字，督促检查要及时，奖惩评价要分明。

13.2 下达命令

1. 下达命令的原则

（1）基于对员工的了解来下达命令。

管理者在与下属沟通的过程中，要充分了解下级的需求、情感、价值观以及个人生活方面的问题，并通过一定的方式满足下属的需求，以达到鼓舞和激励下属的效果。沟通本身就是一种激励手段，要让下属在沟通过程中体会到备受尊重，满足其社交、被尊重和自我实现的需求。

【经典案例】

陈科长是某技术部门的科长，部门里有一位30多岁技术能力非常强的科员，但工作表现时好时坏。陈科长用晋升来激励他，可是该员工却直接表示自己没有兴趣。陈科长后来经过了解得知，他的女儿患有先天性心脏病，而他的绩效也随他女儿身体状况变化而起伏不定。

在这个案例中，员工工作表现为非正常状态，工作表现的曲线为一个波浪形曲线，其女儿身体状况的好坏作为一个干扰变量出现。作为上司，关心职工的需求，才会有与其打交道的敲门砖。而这位陈科长，不应该以职位来激励该员工，而应该尽力从员工的生活和家庭背景去了解他。可以通过调整他的工作时间，在他女儿身体状况良好的时候安排工作、培养他，这才是正确高效的决策。

（2）主动与员工沟通。

组织的上层管理者首先是各种政策、信息的发送者。其次，无论组织沟通网络怎样建立，管理者都是重要的沟通中枢，要对各种下行信息、反馈信息进行着加工、处理和再传送。在一个组织中，上下级之间的垂直沟通很重要但又易受阻碍和干扰。因此，管理者要从自己管理的组织中获得有效的信息，正确地整理和反馈信息，主动放下架子去和下级分享信息并主动接近下级。

（3）让员工参与到决策中。

组织的发展，少不了每个成员的参与。而在现实情况中，上级向下级下达命令往往是单向的、强制性的，下属在无条件执行任务时，常感觉不到参与感，从而失去工作热情。因此，管理者应在决策前多征询下级的意见，让他们有机会表达看法、想法，提高工作参与度。

（4）正确激励员工。

传达命令和意见时，不要忘记激励因素。下达命令的目的，并非只是传达，而是借此使下属产生接受挑战的兴趣与意愿。同时，需向下属说明工作的重要性、对整个组织的贡献程度以及对其自身成长和发展的益处等。另外，为使下属本身能有效利用其自主性及创造力，领导者除提供可充分发挥能力的条件外，还需要保持鼓励、信赖下属的基本心态。

2. 下达命令的技巧

（1）一次一个原则。不要一次下达多个命令，应在保证下属清楚明白的前提下，再进行下一个命令。

（2）下达指令要遵循正常的组织程序。每个部门都有严密的组织结构，正常的组织程序是工作有条不紊进行的保证。下达的指令要保证下属在本职岗位上能做好工作，切不可打乱组织工作程序。

（3）态度和蔼，语气自然亲切。

（4）谈话要清楚，简单，明确，遵循5W2H的原则。

（5）不要认为下属很了解领导的指令，如有可能，请他复述一遍。

（6）如果有必要，亲自示范详加说明。这样可以保证下达指令的明确性，并且可以使下一次的下达更快更好。

（7）沟通时要将姿态放低。命令的目的是要让下属按照领导者的意图完成特定的行为或工作，带有组织阶层上的职权关系，隐含着强制性，会让下属有被压迫的感觉。直接命令剥夺了部下自我支配的原则，压抑了部下的创造性思考和积极负责的心理，同时也让部下失去了参与决策的机会。若用直接命令的方式与下属进行沟通，也许看起来非常有效率，但是工作品质很难得到提升。所以，即便在与下级沟通时，也要学会放低姿态。

通过本章最开头的案例可见，上级和下属都对对方有看法，工作没有做到位其实双方都有责任，但从高效沟通方面来看，管理者应该承担大部分的责任，因为上级向下级分配任务时，没有将任务的具体标准说清楚，王主任并没有告诉小刘要将会场布置成什么样子，是否需要矿泉水和文具，是否需要条幅等，而且小刘也没有提问，双方都以为互相明白，缺少双向交流，结果出现差距。所以，上级对下级准确传达任务的意图非常关键，上级要将事情说清楚。

13.3 督促检查

下属完成任务，往往离不开领导的督促检查。在督促检查工作中，始终要讲效率、求质量、重效果，着力推动决策落实，不走马观花，不摆空架子。督促检查是需要方法的，否则会事倍功半，无法达成预期的效果。

1. 及时进行

及时进行督促检查是非常必要的，但这并不意味着时时刻刻都盯着下属，命令他做，或是求他完成任务，这些都不能使工作效率提高。

2. 落到实处

督查过程中，要事事抓具体，不管大事小事，一经安排布置，就即时催办，做到桩桩有着落、件件有结果。

13.4 奖惩评价

1. 赞扬下属

心理学家马斯洛认为，荣誉和成就感是人的高层次的需求，而赞美能使他人满足自我的需求。美国一位著名社会活动家曾推出一条原则："给人一个好名声，让他们去达到它。"事实上被赞美的人往往宁愿做出惊人的努力，也不愿让人失望。一般来说，高层次的需求是不易满足的，而赞美的话语，在一定程度上给予了这种满足。这是一种有效的内在性激励，可以激发和保持行动的主动性和积极性。当然，作为鼓励手段，它应该与物质奖励结合起来，没有物质鼓励作基础，在生活水平不太高的条件下，会影响精神鼓励的效果。所以，赞美是对部下精神的激励，是保证效益的一剂良药。

【经典案例】

美国福克斯波罗公司对重大科技成果的奖励是一枚小小的金香蕉形别针。小小的别针可能并不值钱，但却代表了对于下属工作的肯定，表明社会和集体对其工作成绩的承认与尊重。

人对精神鼓励的需求是普遍的、长期的，社会越发展越是如此。重视赞美的作用，正确地运用它，是管理者的有效管理方法之一。下面提供一些赞扬部下的技巧。

（1）赞扬的态度要真诚。

英国专门研究社会关系的卡斯利博士曾说过："大多数人选择朋友都是以对方是否出于真诚而决定的"。在与人交往的过程中，真诚，是良好的人际关系中关键的要素。常言道："精诚所至，金石为开"，真诚，是打开人们心灵的一把钥匙，是吹开人们心扉的一股春风。赞美他人时更要做到真诚，如果赞美不真诚，赞美下属时会表现得表里不一，容易失去他人对自己的信任；赞美上级会显得阿谀奉承，虚情假意。赞美他人时，不要刻意抬高或拉低自己的身段，平等相对、真诚以待是最好的选择。真诚是打心眼里对对方的赞美，不能油腔滑调，应该语气诚恳，态度端正，眼神坚定，这是对被赞美者的精神肯定。使用朴素贴切的语言来表达对他人的赞美，一来会更现诚意，二来别人也会觉得悦耳而不至于羞臊。另外语言要准确，言能达意，才不会使他人会错意。

（2）赞扬的内容要具体。

作为领导，恰如其分地赞美下属可以有效提高领导力，提高下属的工作积极性。赞美下属不要笼统地一概而论，而应该因人而异，按照下属的性格来赞美他们，只有这样才能达到赞美的最佳效果。但是，不管对方的性格如何，在赞美的时候保持情真意切的态度，都是必需的。赞美下属要具体，但赞美和表扬不是说一些"年轻有为""前途无量""干得不错"之类缺乏感情的公式化语言，这些都很难打动人心。人们希望得到赞赏，但这些赞赏应该能真正表明他们的价值。人们希望对方的赞赏是其思考的结果，是真正把他们看成是值得赞美的人而花费了精力去思考才得出的结论，不要泛泛而谈。针对不同的下属和不同的事情，赞美的方式也要有所不同，要做到就事论事而不是表面敷衍，要从细节出发，让下属完成任务前有使命感，完成任务后有成就感，争取做到有针对性地赞美，可以具体到分工、材料、完成情况、组内协调多个方面，这样也容易说明已经取得的成果和当前仍然存在的问题。

【沟通训练】

判断以下赞美的说辞是否合适：

1."你很棒!""你表现得很好!""你不错!"

2."你的调查报告中关于技术服务人员提升服务品质的建议，是一个能针对目前问题解决的好方法，谢谢你提出这么有用的办法。"

3.“你处理这次客户投诉的态度非常好，自始至终婉转、诚恳，并针对问题进行了解决，你的做法正是我们期望员工能做到的标准典范。”

第一个例子就是不恰当的做法，“很棒、很好、不错”都是很笼统的说法，正确的赞美应该是就事论事，什么不错、什么很好都要说明白，说具体。第二个和第三个例子就是较好的方法，表明了对方做的什么事情让自己很满意，说明了自己的需求，并适当地表示感谢，具体妥当。

（3）赞美的时机要合适。

赞美要及时。赞美是对一个人的工作、能力、才干及其他积极因素的肯定。通过赞美，人们能够了解自己的行为活动的结果，所以说，赞美是一种对自我行为的反馈。而反馈必须及时才能更好地发挥作用，一个人在完成工作任务后总希望尽快了解自己的工作结果、质量、数量以及相关评价等。好的结果，会带来满意和愉快的情绪体验，给人以鼓励和信心，使人保持这种行为，继续努力；坏的结果，能使人看到不足，以促进下一次行动时做到专注、改进，以求得好的结果。同时，人们需要通过尽快地了解反馈信息，对自己的行为进行调节，巩固、发扬好的行为，克服、避免不好的行为。如果反馈不及时，热情逐渐消退，这时的赞美就没有太大的作用了。及时表扬是一种积极强化手段，它可以使员工和部属很快了解到自己行为的结果，有利于他们巩固成绩，向前发展。有些领导喜欢不动声色地看着别人的成绩，然后加以“储存”，在适当时候才找出来“提一提”，此时，其效果已经减弱了一大半了。应该让下级感受到上级在随时关注着他们的每一个成绩，随时准备为他们的成功喝彩，这样做也表现出上级的敏锐和快节奏、高效率的工作作风。

2. 批评下属

高水平的批评，不但有助于转变下属的错误思维，而且有助于取得良好的人际关系，甚至有时批评会成为最有效的激励。下面也提供一些批评下属的技巧。

（1）以真诚的赞美做开头。

赞美部下必须真诚。每个人都应珍视真心诚意，它是人际沟通最重要的尺度。针对部下所犯错误，当我们以真诚的方式开始说话时，不仅能够拉近与部下之间的距离，更能够给予部下一种亲和感，以达到更高效的传达效果。

真诚的开头会避免不必要的抵触、部下情绪低落等不利情况。懂得如何恰到好处地批评有助于人际关系水平的提高。

（2）尊重客观事实。

应该就事论事，要记住，我们批评他人，并不是批评对方本人，而是批评他的错误行为。首先，我们必须明确批评的针对点是部下错误的行为，要就这个行为做出合适的评价及一定力度的批评，以达到让部下改正错误的目的。其次，我们需要做到就事论事，不要因这件事情而扯出之前发生的事情，或者与他人进行比较来完成批评。最后，我们需要注意到批评的是事情，而非对方本人。不要在批评过程对部下个人做出批评，甚至诋毁人格。

（3）指责时不要伤害部下的自尊与自信。

批评时要注意批评的言语，不应伤害部下的自尊与自信。批评的目的是让部下及时了解自己工作中出现哪些错误，以此作为指导来更好地完成之后的工作。如果在批评时把握不好尺度，伤害到部下的自尊与自信，反而会造成不良后果，甚至引起部下阳奉阴违、工作效率低下等问题。

（4）友好的结束。

友好的结束同样是批评部下重要的环节。当上司完成批评所要达到的目的后，应以一种友好的方式结束，这样既对对话做了总结，又能够激励部下更好地开展之后的工作。恰到好处的激励或者憧憬未来的鼓舞，既能进一步拉近双方距离，又能让其感受到上级无微不至的关爱，这种友好的结束是批评的点睛之笔。

（5）批评选择适当的场地。

批评场地的选择也很重要。选择在独立的办公室、安静的会议室、午餐后的休息室，或者楼下的咖啡厅等地时，部下更容易接受，这样不会伤害对方的自尊。而选择在员工较多的地方，会让部下感到失落，甚至丧失自信心。

（6）学会滞后的批评。

不同于表扬，批评更适宜滞后进行。时间的把握上需要注意，过早的话有可能会伤害对方，而过晚的批评可能会出现员工记忆不清等问题。最佳的滞后时间是八个小时，在这时的批评既能实现让部下自我检讨的目的，也可以使得批评不显唐突。这种以柔克刚的方式能够恰到好处地让部下认识并及时改正错误。

【沟通小贴士】

批评分为两种：

第一种，原则性错误，需要马上指出，立即改正。

第二种，非原则性的无伤大雅的错误，可以“隔夜”批评。一方面，在这个过程中，上级的情绪会得到平静，能更冷静地处理；另一方面，员工在这种过程中会有一种“煎熬感”，会自主地反思自己的过错，更好地接受上级的批评。

【沟通训练】

请判断以下批评方式是否正确：

“你对工作太不负责任了，这么大的错误都没有校正出来。”（　）

“这个字你没有校出来。”（　）

“你做事情太草率了，怎么能如此处理这件事情呢。”（　）

“这件事情你不能这样处理。”（　）

“我以前也会犯下这种过错……”（　）

“每个人都有低潮的时候，重要的是如何缩短低潮的时间。”（　）

“像你这么聪明的人，我实在无法同意你再犯一次同样的错误。”（　）

“你以往的表现都优于一般人，希望你不要再犯这样的错误。”（　）

“今后不许再犯。”　（　）
“我想你会做得更好。”或者“我相信你。”　（　）
“这种错误今后不允许出现。”　（　）
“今后继续加油，会做得更好。”　（　）

13.5 面谈

面谈是管理工作中非常重要的环节。通过面谈可以实现上级主管和下属之间对于工作情况的沟通和确认，找出工作中的优势及不足，并制定相应的改进方案。

【经典案例】

过去，每当有人来访时，李强副处长都坐在办公桌后面，让对方坐在桌子对面，这种安排使双方产生了一定的心理距离，明显地使他成为交谈中的领导者和优势者。但这使得访客很不愉快，也影响交谈的质量。后来，他听从专家的建议，重新布置办公室，使来访者和他坐在办公桌的同一侧，或者邀请同事、访客坐在旁边的小圆桌旁。这种安排使来访者觉得双方更为平等，也更容易展开两人之间的交谈。

优秀的沟通者知道如何利用沟通的信息、沟通环境以及沟通方式的有意识管理来达到高效沟通的效果。

1. 面谈的概念

面谈是任何有计划和受控制的、在两个人（或更多人）之间有目的进行的、并且在进行过程中互有听和说的谈话。从面谈的定义来看，它具有以下几个特征：

（1）目的性：参与面谈的一方或多方有明确目的。

（2）计划性：面谈发起的人必须预先准备谈话的计划。

（3）控制性：至少有一方控制谈话的主题内容走向。

（4）双向性：面谈必须是相互的，而不是单向的教训和批评；

（5）即时性：面谈一般要求沟通双方即时对沟通信息做出反应。

与平常的聊天相比较，面谈是正式的，发起者需要有目的地与对方沟通交流，并且要预先做一定的准备，引导话题走向，控制面谈的时间，面谈后记录下面谈结果，从而达到面谈的目的。面谈时，沟通双方以口头语言作为沟通的媒介，针对沟通对象的特点，选择相应的沟通策略（此处可参照人物沟通风格及对策）。

2. 面谈的重要性

有效的面谈能互换信息，实现共赢。

从管理者的视角来看，管理者面临着各种面谈，如绩效评估、雇用、劝说、离职、解决问题、提供信息等；有效的面谈能充分了解部下工作绩效表现、存在的问题、归因分析、解决方案等，是解决工作困境和问题有效手段。

3. 面谈的过程

面谈的过程如图 13-1 所示。

图 13-1　面谈的过程

【沟通小贴士】

提问行为事例问题的“STAR”原则

STAR 原则是指提问关于行为事件的问题时，要问清楚以下四个问题：

S：Situation（情况）；T：Task（任务）；A：Action（行为表现）；R：Results（结果）。

也就是事件发生的背景、需要解决的问题、应聘者在事件中的行为表现以及最终的结果如何。

S（情况）/T（任务）：发生了什么情况？需要解决什么问题？

A（行动）：怎样处理的？做出了哪些实际行动？可以了解工作表现和行为习惯，包括完成某项工作的步骤、如何筹备和进行工作项目、应付紧迫的工作或避免工作延误所带来的损失、做的补救措施等。

R（结果）：达到预期目标了吗？也就是评价其行动是否适当和有效。

（来源：张昊民，李倩倩. 管理沟通[M]. 上海：上海人民出版社，2015.）

4. 绩效面谈的 GROW 模型

GROW 模型是一种绩效辅导模式，包括目标（Goal）、现实（Reality）、选择方案（Options）和意愿（Will）四个步骤。

（1）目标（Goal）——建立目标。

今天主要想谈些什么事？

你希望谈出什么样的结果？

我们应该如何确定目标？你怎么看？

目标是积极、有挑战性而且可达成的吗？你会如何衡量？

你想何时达到？

你对目标的个人控制力有多大？

有什么样的里程碑？

（2）现实（Reality）——了解现状。

现在情况怎样？发生了什么？

为解决问题，你采取了哪些措施？

结果又怎样？

请举出例子来证明你的判断、想法。

还有谁也涉及了？

你如何评价现状？你会给出多少分？

（3）选择方案（Options）——讨论。

我们该怎么解决这个问题？

有什么选择吗？更多的选择是哪些？

你觉得别人会怎么做？

我提个建议好吗？

我以前见过别人在这种情况下……

你觉得对你有启发吗？

还有谁能帮忙？

（4）意愿（Will）——达成意见。

接下来你打算怎么办？

在这些方法中，你倾向于哪一种？

什么时候开始？什么时候做完？

除你以外，还需要谁的帮助？

你觉得可能会有什么样的困难和阻力？你打算如何面对？

我们之间需要如何沟通跟进？

好的绩效面谈，要遵循目标、现状、方案、意愿的步骤，在实施每一步的面谈过程中，都能推己及人，从解决问题这个本质出发，充分了解现状，善用沟通中的倾听和反馈的技巧，抽丝剥茧，寻找问题的原因，积极商讨解决方案，达成一致的意见才是面谈的最终成果。同时注意避免面谈中的“雷区”。

【总结与回顾】

在组织中，管理者经常需要对下沟通，这个沟通过程可以分为下达命令、督促检查和奖惩评价三个步骤。管理者需要掌握正确的沟通原则和恰当的沟通技巧，真诚、主动、把握恰当的时机与下属进行沟通，并且在沟通过程中注重听取下属的反馈，提升下属的参与度，才能实现高效的沟通，提升企业的生产效率。同时，作为对下沟通的一个重点，绩效面谈的 GROW 原则是高效面谈必须掌握和学习的关键。

【自我技能测试】

1. 我总是能够向下属清楚交代工作。

A. 非常符合　B. 符合　C. 一般　D. 不符合　E. 非常不符合

2. 我认为下属的工作汇报很重要，所以我总是能够及时回复下属的工作汇报。

A. 非常符合　B. 符合　C. 一般　D. 不符合　E. 非常不符合

3. 工作中，我总是尊重下属的意见和建议，为公司整体利益考虑采纳正确的建议。

A. 非常符合　B. 符合　C. 一般　D. 不符合　E. 非常不符合

4. 下属表现优秀时，我总是会及时而且真诚地赞美下属。

A. 非常符合　B. 符合　C. 一般　D. 不符合　E. 非常不符合

5. 当下属表现不好时，我会滞后批评，并且和下属一起商量问题的解决方法。

A. 非常符合　B. 符合　C. 一般　D. 不符合　E. 非常不符合

6. 我会根据下属的不同风格特点选择不同的谈话风格。

A. 非常符合　B. 符合　C. 一般　D. 不符合　E. 非常不符合

7. 我总是能够倾听下属的难题和苦衷，站在他们的角度理解他们的真实想法。

A. 非常符合　B. 符合　C. 一般　D. 不符合　E. 非常不符合

8. 我总是能够激励下属，激发他们的工作热情，提高工作效率。

A. 非常符合　B. 符合　C. 一般　D. 不符合　E. 非常不符合

得分与解释

选 A 得 4 分，选 B 得 3 分，选 C 得 2 分，选 D 得 1 分。

总分在 11 ~ 20 分：你经常不能很好地与下属进行有效沟通。但只要你掌握与下属沟通的基本方法，明白与下属沟通的重要性，多站在下属的角度思考问题，你随时可能获得下属的尊重和支持。

总分在 21 ~ 30 分：你懂得一定的沟通技巧，理解和体谅下属，但是你缺乏高超的沟通技巧和积极的主动性，许多事情只要你继续努力一点，就可获得下属的拥戴。

总分在 31 ~ 40 分：你很出色，是与下属沟通的高手，有很高的沟通技巧和人际交往能力，能够提升团队的效率。

【笔记栏】

第十四章

平行沟通

案例导入

某村新成立了一家织造厂，并投入了大量资金，但该厂却一直未能达到预期经营水平。经过一段时间的观察，厂长发现，厂内一些部门如采购部、销售部的员工在工作中过于关注专业分工，缺乏对其他部门的了解，这容易导致部门之间出现隔阂，使组织信息被人为分化。

于是，厂长想出一个办法：把餐厅里四人用的小圆桌全部换成长方形的大长桌。这是一项重大的改变，之前使用小圆桌时，总是某四个互相熟悉的人坐在一起用餐；而改用大长桌的情形就不同了，一些彼此陌生的人有更多机会坐在一起闲谈、交流。

如此一来采购部的职员就能遇上来自其他部门的行销人员或者是生产制造工程师，他们在接触中可以相互交换意见，获取各自所需的信息，还能相互启发，碰撞出“思想的火花”。更重要的是，各部门能够了解其他部门的相关信息，从而做到换位思考，求同存异，避免了很多不应该发生的冲突。该制织造厂的经营状况得到了大幅度的改善。

14.1 平行沟通的含义

平行沟通是指组织内的同层级或部门间横向的一种沟通程序。平级的管理者在组织架构中处于同等位置，不能用命令、强迫、批评等手段与之进行交流，只能通过建议、辅助、劝告、咨询等方法进行沟通。

14.2 平行沟通的障碍

平行沟通存在很多障碍，部门之间往往欠缺积极配合的意识。正因如此，平行沟通对双方的合作诚意、沟通能力都提出了很高的要求。

平行沟通困难的首要原因就是不同部门目标各异。为了保证各个部门能够各尽其职，组织总是会为部门制定明确的战略目标，这些战略目标往往是单一的。对不同的职能部门而言，这些单一的战略目标之间常常有矛盾与冲突。财务主管总是习惯于紧盯着财务指标；人事主管更多地考虑人员的匹配和优质人才选用；营销主管则看重的是业绩的提升。于是，在人事主管看来是利润创造者的人力资本的，在财务主管看来往往会是成本和负担；营销主管总是希望扩大销售人员的数量来提高总体业绩，人事主管则更愿意关注单个员工的绩效而倾向于控制招聘规模。

其次，是各部门理解问题的角度不同。在安排工作的时候，不同部门可能会持有不同的意见，所以对于同一个问题，不同的部门也会有不同的看法。特别是在跨部门沟通的时候，因为部门领导不同，各部门首要执行的还是自己领导布置下来的工作，所以跨部门合作时通常很难让一方完全按照另一方设定的目标完成工作。

14.3 平行沟通的原则

沟通的原则有平等、信用、互利和尊重，平行沟通也基本上遵循沟通的原则，在此基础上，平行沟通更加注重对平级之间关系的维护，更加注重组织沟通中需要遵循的制度和礼节。

1. 要以大局为重

沟通时要从组织总体战略的角度出发，以组织利益为最高利益，懂得适当妥协。在进行同级沟通时，人们往往会因为各自利益诉求的冲突而出现沟通困难，又会因双方的权威之争而不愿互相配合，最终陷入僵持。面对沟通困难的情况，大家只能找高层领导来定夺，于是乎很多基层人员和部门在这方面花费了大量时间。而如果沟通双方能站在更高的角度思考，从组织总体战略的高度出发，以企业利益为最高利益，就能避免很多不必要的争端。

2. 求大同存小异

不同的人由于经历、立场等方面的差异，对同一个问题，往往会产生不同的看法，甚至发生争论，一不小心就容易伤和气，影响正常工作。因此，在面对问题，特别是在发生分歧时，要努力寻找彼此的共同点，争取求大同存小异。如果实在难以和解，不妨冷处理，即依然坚持自己的观点，但搁置争议，随着时间流逝，让矛盾淡化。

3. 主动表达善意

人与人之间刚开始交往的时候，都免不了心存一点戒备，这是很正常的。部门之间也是如此，虽然都处在同一组织，但各部门也有自己的利益。这个时候，有远见的管理者通常会主动表达善意，减少或打消对方的顾虑，使双方形成良好的互动沟通、善意沟通。

所谓善意沟通，就是在沟通中要充分考虑对方的实际情况，多从善意的角度理解对方的想法，消除不必要的疑虑。一般来说，表达善意要做到以下四点。

（1）尊重对方。

只有尊重对方，对方才会给予同样的回报，彼此尊重，这是进行有效平行沟通的基本前提。

（2）换位思考。

不要只考虑本部门的利益，要设身处地地站在对方的立场考虑。双方共同做出的决策都不能是损人利己的，而要站在对方的角度想问题，了解对方的想法，这是平行沟通的润滑剂。

（3）互利互惠。

双方合作的宗旨还是要达到双赢，在合作中双方都是为了更好地完成任务，争取各自的利益。而所谓合作，实质上还是互相利用的过程，利用就得先利而后用。互帮互助、互惠互利可以加深双方的友谊，有利于双方的长远合作。

（4）待人真诚。

用诚意来促进双方的了解，及时送上关怀。在现实中，做一个有心人，留心同事的生活，注重平时的联系，这样能促进彼此的了解，增进同事之间的感情，在组织中达成有效的沟通。

4. 放低姿态，保持谦虚

同事之间既然存在竞争，那么必然有工作成效的高低之分。做得好的同事要照顾到做得不好的同事的心理，尽可能帮助他们提高业务水平，切忌趾高气扬，给他们制造更大的刺激。而高傲的态度很难让人家提供帮助，一个人只有学会谦虚，在需要帮助的时候才会容易得到别人的支持。

5. 同事间要多注意礼节和人际关系

同事在工作中有着共同的目标和方向，在工作中为了各自的前途和组织的利益都会努力工作，维系好彼此之间的感情，会有利于自身和公司的发展。平行沟通的第一要务就是功夫下在平时。在日常生活中，可以多给同事关照，比如说请客吃饭、请看电影等，以此加深同事之间的友谊，增进工作中的交流。在节日里，还可以送一些小礼物来获得同事的好感。如果一个人平时和同事没有太多交集，很难想象当他着急的时候，会有人急他所急。

6. 就事论事，尽量协商出对彼此有利的结果

理性平等看待对方的诉求，坦诚表达己方态度。完成一项任务需要大家的团结协作，在共同的大目标下，大家又各自都有自己的小目标。在沟通时，一方面要牢记自己想要达成的目标，另一方面也要理性看待对方的诉求，尽量让双方都能获得满意的结果。

【沟通小贴士】

平行沟通的5个技巧：

（1）同事间要多注意礼节和人际关系。

（2）和跨部门的高阶人员沟通时，先请同级干部打电话或拜会一下。

（3）就事论事，尽量协商出对彼此有利的结果。

（4）有争议时，避免争吵，可请上司出面协商调整。

（5）平时要建立起互助、合作的良好团队默契。

14.4 建立关系

1. 关系类型

在与沟通对象进行沟通之前，有必要先明确自己要与对方建立怎样的关系。这里的“关系”这个词用英文表达是 relatitonship，是从浅入深，由表及里、通过建立—维护—巩固的阶段来建立的长久的联系。按照关系的亲密程度和建立的步骤，关系分为以下三种（见图 14-1）：

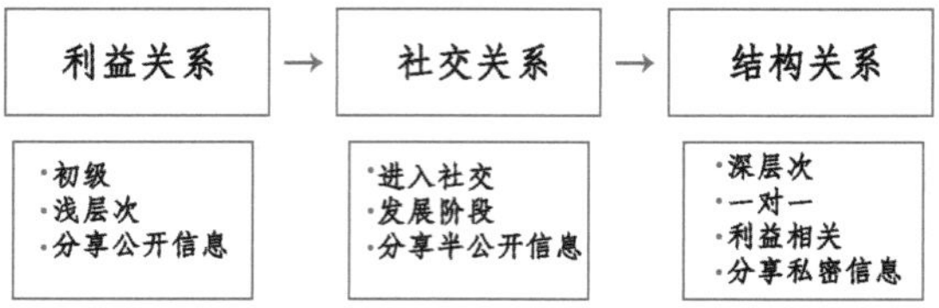

图 14-1 关系的建立与层次

（1）利益关系：在这样的关系里，关系双方的交流是初步的、浅层次的。沟通的信息往往是公开的，如：姓名、性别、职业、头衔等。

（2）社交关系：处于社交关系的双方有了社交的需求和实施，关系比单纯利益关系上更进了一步，也变得更融洽。社交关系建立的过程就是把半公开甚至信息变成公开的信息，比如：家庭成员及关系；个人的饮食、起居；甚至价值观、兴趣爱好等。通过社交沟通，建立有频次的、稳定的关系联结。

（3）结构关系：在这样关系里，双方在利益上你中有我、我中有你，这是一种凝固的、强关联的关系。结构型关系的构建一定建立在深层次的沟通基础上，分享的都是“秘而不宣”的信息。大家在了解了彼此的半公开乃至私密信息的基础上，形成利益团体、达成共识；在此基础上的任何合作和交流其实都是成本最低的一种关系，也是我们追求的境界。

平行沟通很大程度上就是要建立良好、稳定的双边和多边关系，在这个过程中，沟通的技巧就显得尤为重要。

14.5 平行沟通的语言技巧

平行沟通时要顾及对方的自尊心，采用委婉的语言，用建议代替直言，用提问代替批评，追求共同的利益，最终达成工作目标。

1. 用赞美改善关系

每个人都想得到他人的肯定。真诚的赞美，不仅可以表达对别人的认可，还可能成为别人的动力源泉，从而增加彼此的好感。

2. 谨慎直言相告

心胸坦荡、为人正直是许多人都赞赏的美德。在组织沟通中，实话实说本身并没有错，但实话实说也要考虑时间、地点、对象以及他人的接受能力等。如果说话过于直率，言辞过于生硬或激烈，会产生不良效果，不但无法达到表示善意的初衷，有时甚至会导致冲突。

3. 善于用词汇表达

沟通从心开始，同事之间的沟通要更注意考虑对方的感情。在沟通前应该认真思考对方能够接受什么样的语言、什么样的表达方式，因人而异地进行沟通。

4. 说话不要犯忌讳

各地的风俗不同，说话上的忌讳各异，一不留神地脱口而出，很可能会伤害同事间的感情，因此需要沟通双方在表达时注意用语。

5. 用合理的方式道歉

工作中如果因自己的过失给别人带来了损害，就一定要向对方道歉，这是同事间修复裂痕、增进感情的积极办法。向同事道歉需要勇气，更需要合理的方式。

（1）用其他方式代替语言表达，例如一张卡片或一样对方喜欢的东西，来传达歉意，与对方冰释前嫌。

（2）真心实意地道歉。

（3）可以坦率承认自己失误或用赞美他人的方式进行。

【经典案例】

某县城的一家标杆企业组织进行学习交流，该企业的每个部门都派去了部门负责人前去学习公司的新产品，以及产品运营和发布的相关策略。销售总监和培训总监是此次学习的关键人物，未来公司业绩好不好，很大程度上都取决于他们。

学习结束之后，企业举行了为期十天的督导和培训工作，目的是解决一线人员的产品学习问题。销售总监王总不仅亲自去会场授课，还拜访了培训总监肖总，希望能邀请他进行教学。以下是他们两个人的部分对话：

…………

王总：“肖总，是这样的，我想请你给团队做做培训，有些东西，你比我更在行，我需要你的帮助。”

肖总：“太客气了，销售这方面，你是最有发言权的。”

王总：“我是诚意相邀。你看，你进行培训工作多年，经验丰富，大家都喜欢听你的课，你来做培训大家肯定愿意听，到时候业绩肯定好。关键还有一点，年底的考核，咱俩的部门是关键，这一次的销售如果做得好，对咱俩都有好处。同事们辛苦一年了，都不容易，我希望这一仗打好了，大家都能多赚点钱，过个好年。另外，听说明年集团公司要针对成立企业培训学校，到时候您是企业培训学校领导的不二人选啊！我可以配合你。我要销售业绩，你要培训效果，到时候别忘了多支援我们就好了，你看怎么样？”

肖总看到了对方的诚意，欣然应允了此次培训。

合作愉快达成了，十天的培训与销售衔接无缝隙，效果奇佳。通过这次的关键项目，在年底的测评中，双方的年终考评顺利得分 A 级。得益于庞大的销售部的支持，肖总还被任命了企业培训学校的重要管理职务。

【总结与回顾】

不同于对下沟通，平行沟通的沟通者因在组织架构中处于同等位置，所以不能用命令、强迫、批评等手段，只能通过建议、辅助、劝告、咨询等方法进行沟通。沟通者也会因为各自的目标以及理解问题的视角各异，而导致沟通存在诸多障碍。这就需要沟通者掌握平行沟通的原则和技巧，提升沟通能力，在沟通过程中释放善意、保持谦虚、维护人际关系，在沟通时以组织战略和利益为出发点，求同存异，适当妥协，尽量协商出对彼此有利的结果。

【自我技能测试】

1. 对于你的升职，同部门的同事心理不平衡而对你产生嫉妒，经常在办公室当中出言嘲讽，你应该怎样处理这种情况？

2. A 公司总经理把销售部经理喊来，埋怨公司最近的销售业绩不理想；销售经理竟然也是一肚子苦水，说不是自己的销售团队不努力，而是生产部门不给力；生产部门经理说无法完成产量，要求延缓销售合同签订，否则无法完成客户订单；当总经理问责生产经理时，生产经理说是采购经理不能供应原材料导致无法按期生产交付；采购经理面对总经理的质疑，指责财务部门不放款无法采办原材料；财务经理却理直气壮地说，自己没有责任，因为这一阶段公司账上根本没有什么钱，究其原因，竟然是销售部门只有销售合同考核，却没有回款！面对这种情况，该怎么处理和解决？

3. 当你刚进入办事处工作时，你与周围的同事都不太熟悉，但是老员工总是喜欢找你帮忙做一些没有技术含量却烦琐的杂事，对此你感到厌烦，你该如何解决这个问题呢？

【笔记栏】

第十五章

危机沟通

案例导入

2020 年 1 月 27 日，钉钉 CEO 陈航力排众议，毅然决然地免费开放在线课堂。然而被迫上课的学生们却直接把愤怒的矛头直指钉钉，2 月 3 日起，“00 后”学生们策划了一场应对“在家上课计划”的“一星计划”，来自学生们的一星差评让钉钉的评分从 4 分呈断崖式下降至 1.4 分。到 2 月 10 日，钉钉不仅评分降至历史新低，更面临着品牌形象重塑的严峻问题。“名誉受损”的钉钉如何面对这场公共危机，又将如何重塑品牌形象呢？

面对来势汹汹的“00 后”群体，钉钉并没有采取强硬的沟通方式，而是来了一波危机公关“组合拳”，其核心要点就在于，钉钉，把自己放到了与“00 后”的同语境下，跟着“00 后”说着当下网络流行的话，表情包、视频都用上了：2 月 9 日，钉钉在官微上线了征集“表情包”的活动；11 日，发出了第一波九宫格表情包。14 日，钉钉官方在官微发出一个自制表情包，并配以 2 个“跪了”的表情符号。这条微博的点赞评论转均比一般的微博都要高出很多。同时，钉钉 CEO 陈航在钉钉的 5.0 新品见面会上表示，钉钉团队会虚心接受小朋友们的意见，让在线课堂能够做到寓教于乐、快乐上课。陈航说：“实际上小孩子天性喜欢玩，要是我小时候天天上网课，说不定我也很讨厌这件事情，也会打一星。”

2 月 16 日之后，钉钉以各种方式几乎占据了哔哩哔哩弹幕视频网站（B 站）推送和排行榜，站内与“钉钉”有关的视频观看量几乎全是百万起步。更多的网友紧跟热点，出于好玩的心态相继发布与钉钉相关的视频，这使得很多原本不会用到钉钉的人注意到“钉钉事件”，进而给钉钉带来其他领域的流量与更广泛群体的关注。

（来源：中华管理案例共享中心）

15.1 危机沟通的含义

危机沟通是个体或组织为了防止危机的发生、减轻危机造成的破坏或尽快从危机中得到恢复而进行的沟通过程，是处理潜在的危机或已发生的危机的有效途径。危机沟通可以降低企业危机的冲击，并存在化危机为转机甚至商机的可能。如果不进行危机沟通，小危机则可能变成大危机，对组织造成重创，甚至使组织就此消亡。危机沟通既是一门科学也是一门艺术，它可以取得危机中的“机”会部分，降低危机中的“危”险成分。

15.2 危机沟通的主要障碍

1. 缺乏危机沟通意识

很多管理者认为危机是新闻、宣传部门或者其他人的事，不会降临到自己头上，自己无须预测危机，更没有必要做任何危机前的沟通准备。有这样思想的干部，一旦面临危机，就会措手不及，不知与谁沟通，也不知如何沟通。

2. 封闭式的组织文化

组织内部缺乏有效的纵向和横向沟通，组织外部缺乏与利益相关者和其他相关组织或机构的沟通。危机一旦发生，组织内部就会一片混乱，气氛紧张，人心涣散；组织外部更是谣言四起，各种压力纷至沓来，使事态进步恶化。

3. 缺乏预警系统

危机降临前，都会发出一系列预警信号，如媒体或公众的评价、组织成员之间的互相埋怨、群众投诉的增多、审计部门的批评等。但由于缺乏危机预警系统，不能捕捉到这些信号，致使危机在毫无防备的情况下突然发生。

4. 不善倾听

一线干部或主管是最初的危机感应者，但当他们将自己的担忧和意见向上反映时，上司却不以为然，更不用说采取任何积极的措施了。

5. 提供虚假信息

一些组织存在“报喜不报忧”的倾向。即便在危机发生时，他们惧怕事态扩大而不与媒体或公众沟通，或者不愿透露真实情况，或者提供虚假信息，或者做表面文章，未采取实质性的有效沟通，从而陷于被动，错失在危机发生的第一时间与相关各方面进行有效沟通的机会。

6. 缺乏应变能力

平时较为平稳正常的组织运作，导致单位缺乏沟通意识以及危机前的准备，一旦危机来临就显得措手不及而无以应对，最后导致危机管理失控。

15.3 危机的类型

1. 公共服务危机

群众或企业来办事，过程中接受公共服务，因各种原因产生不满情绪，进而投诉。如果处理不当，会引发媒体危机、公共服务危机，如：工商登记、税收监管、户口户籍管理、社保等服务频度高、接触人员广、易引发不解或矛盾的公共服务。

2. 领导危机

领导者（特别是新上任的领导）的能力、知识结构与其主管的行业发展、管理实务不匹配时，组织的发展会受到巨大的阻碍，如果领导者不能更新知识，实现自我发展，领导者的决策将会带来损失，甚至组织内部也会出现混乱。

3. 财务审计危机

虽然基层组织很难出现企业常见的资金链断裂等财务危机，但是因为财务管理中因合规、监管、审计而发现的问题往往是造成政府部门和各级组织发生财务危机的主要原因。还有因为个别财务人员涉案违法违规的，如果处理不当，也会给组织内外部造成危机。

4. 安全事故与公共危机

安全事故主要包括安全事故和不可抗力事故这两类，前者是组织内部由于安全隐患导致的安全事故，后者是由于不可抗力的自然灾害对群众人身安全造成威胁。这类的危机尤其需要我们有危机预案等应对措施。

15.4 危机沟通的过程

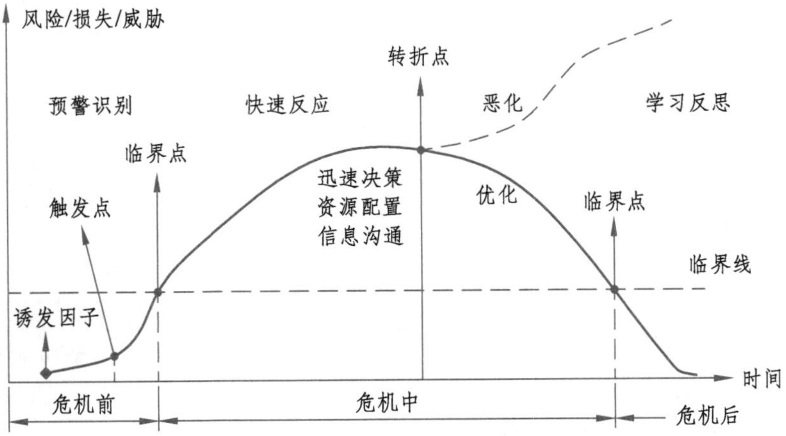

图 15-1　危机沟通的过程

1. 危机爆发前

多数危机在爆发前都会出现或多或少的预警信号。作为管理者，要能识别危机的信号，预警危机的到来，从而争取应对危机的准备时间，更好地应对即将来临的危机或者避免危机的出现。

以下是一般的危机爆发前的征兆：

· 工作人员劳累，工作积压；
· 服务对象投诉，处理结果不满意；
· 财务指标恶化；
· 发展速度过快；

·组织领导人成为热点新闻人物（负面）；

·组织被媒体频繁地做负面报道。

危机前沟通大致包括危机调查和危机预测两方面的内容。

（1）危机调查。

危机调查就是通过民意测验、问卷、形象调查及交叉审计等调查研究方法，与组织内部和外部进行广泛的沟通，以了解组织的处境和现状。

危机调查包括组织内部的调查和组织外部的调查两个方面。

① 组织内部调查方向。

·组织当前发展的瓶颈？

·存在什么主要问题？问题能否得到解决？如解决不了，是否会成为危机隐患？一旦危机发生，是否具有处理危机的能力？

·组织成员是否具有较强的危机意识？

·对危机可能造成的损害和破坏的承受力如何？

·与媒体的关系如何？平常是否保持经常的沟通？一旦危机发生，将如何与媒体合作？

·管理层平时与上下级及辖区群众的关系如何？在公众中的形象如何？

·一旦危机发生，会对组织的形象、信誉和利益造成多大影响？

② 组织外部调查方向。

·媒体会如何报道？是基于事实介绍，还是会进行大肆炒作？

·其他部门会干预吗？会如何干预？结果怎样？

·上级部门和监管部门有什么反应？

·社会公众将如何看待这场危机？会做出什么反应？

（2）危机预测。

危机预测就是将各种凌乱的资料和信息加以整理，并进行分析，根据所得出的分析结果做出科学的预测以确定危机爆发的可能性，并为有效避免或处理危机做好思想上和措施上的充分准备。危机预测建立在一定的假设的基础上，根据所假设的状况及应变措施将危机影响具体化，以测定危机影响值。

危机影响值是在没有外界干预的情况下，对危机发生后所产生的损害做出的评估。可以聘请专家，让其对设定的若干指标发生的概率，以及在发生危机时可能会产生的影响值做出主观评估。

表 15-1 危机影响评估调研表

假设性问题	危机影响值	危机发生概率
	0.1…… 10	0.01 …… 1
Q1 劳动力缺乏		
Q2 群众满意度大幅度下跌		
Q3 信息泄密		

续表

假设性问题	危机影响值	危机发生概率
	0.1…… 10	0.01 …… 1
Q4 主要领导人更换		
Q5 管理层丑闻		
Q6 关键人才流失		
Q7 故意破坏		
Q8 工伤事故		
Q9 谣言诽谤导致公司声誉受损		
Q10 公共设施、食品安全受到损害		
Q11 恐怖事件		
Q12 自然灾害		

表 15-1 中包含了 12 个能够全面反映危机影响的指标，由专家对这些假设指标打分。危机造成的影响越大，则危机影响值越高，最大值为 10，最小值为 0。在对危机发生的概率进行评分时，采用数值表示潜在危机发生的概率，最小值为 0，表示不可能发生；最大值为 1，表示一定会发生。

利用危机预测坐标图（见图 15-2），可以直观地看到危机发生的概率和影响值。如果潜在的危机评分进入到 I 区，就需要引起高度的重视并立即研究应对危机的措施，制定实施方案，直到摆脱危机。

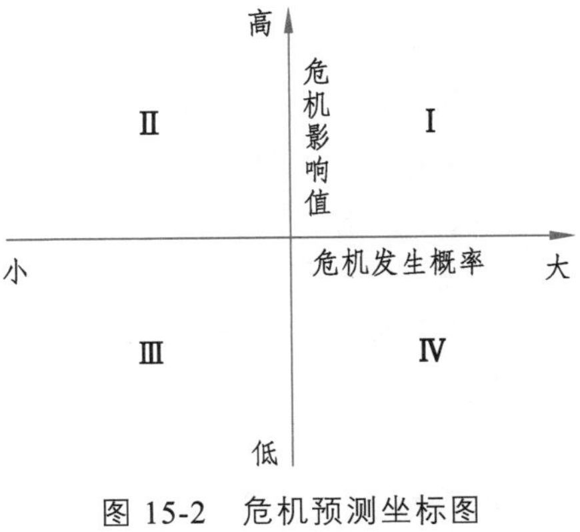

图 15-2 危机预测坐标图

2. 危机爆发初

这是危机开始造成可感知的损失阶段，危机征兆不断显现。管理者应充分重视，采取适当、有效的措施，将危机消灭在萌芽阶段，将危机所造成的损失降到最低。

出现危机之初，管理者需要做出迅速反应，确认沟通对象，并做出对策，做好应对前的准备工作以及初步的沟通演练。

（1）确认沟通对象。

组织的公共关系面临诸多方面的挑战，利益相关者包括行业协会及主管部门、新闻媒体、社区、内部员工甚至国外相关机构等。

（2）做好沟通准备工作。

① 设立危机控制中心：高级主管负责；

② 设立危机新闻中心：准备新闻发布会、接收新闻媒体电话；

③ 确定信息传播所需媒介；

④ 掌握报告的主动权；

⑤ 准备好背景材料；

⑥ 准备足够受训人员应对。

（3）危机沟通训练。

在给每个应对危机部门分配好工作后，即可以开始进行相应的沟通训练，提升全员应对危机的能力和素质（见图 15-3）。

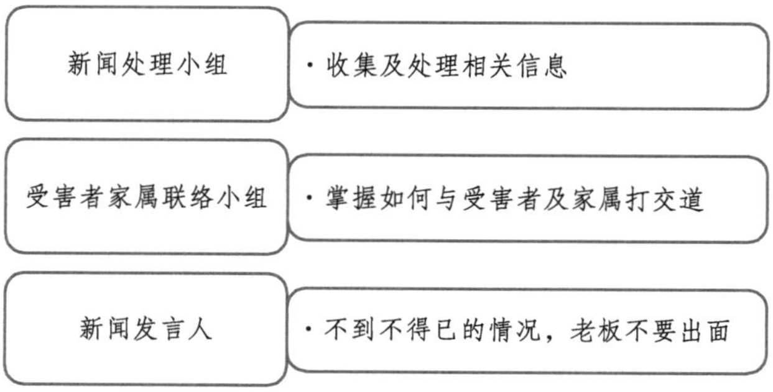

图 15-3　危机沟通训练

其中，进行危机沟通的人员需要具备以下基本素质：

① 具有强烈的危机意识，能够敏锐地洞察危机的发展；

② 能够灵活应对各种复杂情况，敢于迎接挑战；

③ 口齿清晰，口才良好，善于沟通和倾听；

④ 拥有权威；

⑤ 富有同情心，善于运用语言和非语言与人交流；

⑥ 在外界压力下，能保持冷静；

⑦ 精力充沛，能长时间连续工作；

⑧ 拥有危机沟通的知识和技能。

3. 危机爆发中

此时，危机造成的破坏十分明显，对组织及个人造成持续的、无可挽回的损害，危机的九大特征表现得尤为突出。这一阶段危机处理的有效与否取决于组织管理者是否进行及时有效的沟通。管理者应正视危机，采取措施，防止继续蔓延，其沟通步骤一般为 5 步。（见图 15-4）

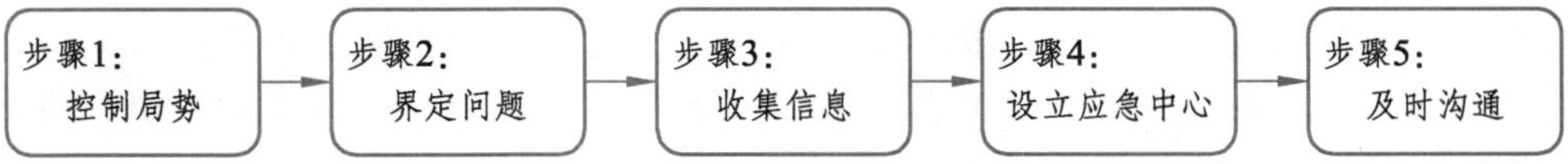

图 15-4　危机初的沟通步骤

（1）步骤 1：控制局势。

保证组织有秩序地去应对危机，及时弄清问题的真正症结，并设定可度量的沟通目标。

（2）步骤 2：界定问题。

危机产生的主要原因是什么？危机发展的状况及趋势如何？受影响的公众有哪些？他们可能希望通过什么样的方式解决？

（3）步骤 3：收集信息。

尽量多地收集相关信息，以期了解危机产生的真相，为化解危机提供决策依据，为危机沟通提供信息支撑。

（4）步骤 4：设立应急中心（具体步骤见图 15-5）。

在收集各方信息的同时，应立即设立危机应急中心并让它有效运转起来，使之成为所有沟通活动的公共平台；同时，指定一名发言人，负责对外沟通联络。

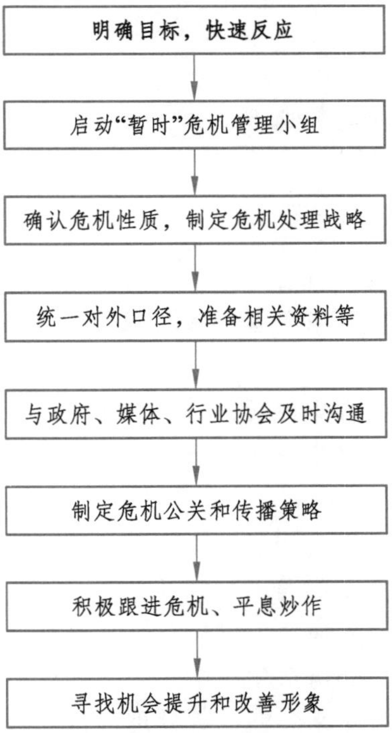

图 15-5　危机中的具体步骤示例

（5）步骤 5：及时沟通。

为了有效控制危机局面，组织需要与媒体、内部员工、内外部利益相关者和组织及社会公众沟通；应该积极主动发布信息，引导舆论，稳定公众情绪，为化解危机营造良好的条件。

特别是在危机给生命和财产造成了威胁的情况下，应努力通过各种渠道，特别是借助于媒体向公众传播正面、客观的信息，从而减轻危机给人们带来的恐惧，以及由恐慌带来的危害。

【经典案例】A 网络公司状告 B 食品公司事件

某市一区人民法院接到一封起诉书。A 网络公司称，B 食品公司在 A 网络公司投放了千万元广告，但无视合同内容，长期拖欠广告费不予以支付。A 网络公司被迫依法起诉，申请冻结对方应支付的欠款金额。

但 B 食品公司称，公司从未与 A 网络公司或授权他人与 A 网络公司就 B 公司品牌签署《联合市场推广合作协议》，且从未与 A 网络公司进行过任何商业合作。

随后，经初步查明，系 3 人伪造了 B 公司印章，冒充该公司市场经营部经理与 A 网络公司签订合作协议试图非法获取经济利益。目前，3 人已被刑拘。

这一次 A 网络公司可谓是闹了个“大乌龙”，作为一家知名企业，竟被三个诈骗犯耍得团团转，而且还大张旗鼓地闹上了“公堂”。但是 A 网络公司的公关团队这时站了出来，采取了十分巧妙的一招——“卖萌式自黑”。

A 网络公司在社交网络上发布动态并运用大量网络平台，把自己塑造成一个憨厚、蠢萌的形象。

A 网络公司公关把这种“憨厚”的人设形象，巧妙地植入到了各个公告的图文中，刻意回避了一本正经写危机公关声明的套路，收获了奇效。

4. 危机爆发后

危机发生后的阶段，不再表现为明显的、能感知的实际破坏，而是表现为逐渐潜行而至的危机所导致的后遗症。管理者应采取积极有效的措施，消除影响，使个体和组织早日恢复元气。

危机后的沟通是指在危机发生后所进行的沟通。组织与管理者在这段时期的沟通努力应包括：与受危机影响的各方进行沟通、保持运营状态、制订计划以避免危机重来。（见图 15-6）

（1）与受危机影响的各方进行沟通。即与各利益相关者如职工、群众、社团、紧急救援机构、专家和政府相关部门等进行沟通。

（2）保持运营状态。管理者应努力维持和恢复正常运作，并考虑危机是否对组织的经营活动，如信誉、信息发布等产生影响。

（3）制订计划以避免危机重来。在妥善处理危机的基础上，负责沟通的部门应在主管领导的协调下，制订周密的计划和对策，以防止危机再度重来。

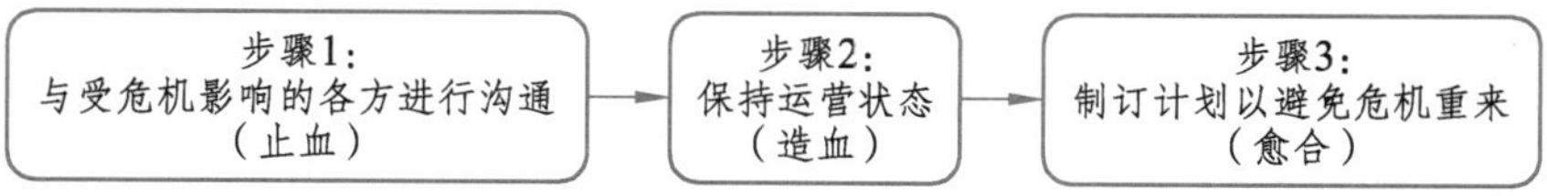

图 15-6　危机后的沟通步骤

15.5 危机沟通的原则与策略

1. “4S”原则

SORRY：公众关注的不仅仅是事情真相，更关注当事人对事件处理的态度。

SHUT UP：始终把组织形象放在首位，了解公众，倾听他们的意见，确保把握他们的情绪，设法使公众的情绪向有利于自身的方向转换。

SHOW：重视与公众的沟通，与新闻媒体保持良好合作关系，主动把自己知道的展示给公众，不要试图愚弄公众。

SATISFY：公众利益至上，尽量站在他们的角度考虑问题，解决方案尽可能与他们的期望一致。

2. 危机沟通的策略

（1）加强培训。

为了掌握特有的危机处理知识和技能，可采用情景模拟训练，即通过设定一个危机发生的情景，使组织成员可以体验危机发生时的感受，这样可使组织成员提高危机意识，减少或消除危机所带来的紧张和恐惧情绪，增进成员之间在危机中的合作和沟通意识，从而提升危机应变能力。

（2）建立危机预警系统。

企业危机预警系统就是在掌握现有可能导致危机的信息的基础上，分析企业潜在的危机，建立明确的判断标准；也可以通过数学模型，对企业危机进行适时的跟踪、评价、控制并及时发出警报。通过建立完善的预警系统，可以增强企业的免疫力、应变力和竞争力，做到防患于未然。

（3）诚信至上。

面对危机应该以诚相待，只有这样，才能克服困难，化危机为转机。

当组织出现危机，特别是出现重大责任事故并导致公众利益受损时，组织必须承担责任，特别是在进行善后处理时必须信守诺言，以诚待人。

当组织面对危机时，应该以社会公众的利益为重，迅速做出适当反应，及时采取补救措施，并积极主动地以该事件为契机，因势利导，化解危机。这样才能迅速恢复组织的信誉，并扩大美誉度。

【经典案例】餐饮企业的危机公关

2017年，某著名餐饮企业因食品卫生问题被推上舆论的风口浪尖，这对企业的形象造成了严重打击。然而，该企业并没有一味逃避责任，也没有矢口否认或找底层员工背锅以求息事宁人，而是迅速做出回应，在第一时间站出来承认错误，并接连在官方微博发布公告，诚恳道歉，秉持“这锅我背、这错我改、员工我养”的危机公关原则，以负责、诚恳的态度使得舆论风向在半天内出现逆转。

（4）创建开放式组织文化。

无论对内部成员，还是对外部社会，组织都应该以开放的姿态与他们进行坦诚的沟通，积极倾听并重视来自方方面面的意见和建议，并及时纠错。建立、健全有效的组织沟通机制，保持内部纵向、横向沟通渠道畅通无阻。

在危机发生前，与组织外部社会，包括媒体、政府、社区、公众等相关方面经常保持积极主动的沟通。一旦危机发生，要认识到主动告知真相的重要性，避免虚假信息、避免自我蒙蔽，勇于为自己的行为承担责任。只有这样，才能赢得大家的理解和帮助。

3. 与媒体沟通的策略

（1）判定沟通政策。

在着手进行危机沟通之前，应预先拟定一个系统而完善的沟通政策，尤其是对于媒体和公众普遍关心的问题，应该有一个明确一致的沟通口径，从而确保统一对外，避免信口开河，镜前失言。

（2）做好充分准备。

有关事实和数据要做到了如指掌。

（3）与新闻界保持良好关系。

（4）正确应答。

回答问题要简洁明了，避免跑题。

尽量引用客观事实和具体数据，以增强说服力。

回答问题时，应有意识把话题朝着有利于正面介绍组织的方向引导。切忌重复他人所说的不恰当的话，以避免被人断章取义，恶意中伤。

（5）把握时机。

（6）出言谨慎。

口若悬河、信马由缰是面对媒体的大忌!在媒体面前应出言谨慎，不能仓促回答或发表评论。

（7）掌握主动。

面对媒体，应努力掌握主动权，避免被问题牵着鼻子走。要根据自己的意志发表意见，也可以回避不愿谈的问题。

注意地点（安静的地方）、时间（合适的时间，并主动终止采访等）和选择比较友好的记者提问（以避免尖刻刁钻的提问者）等。

（8）注意非语言沟通。

如在接受电视台采访时，着装应以保守、大方得体为好；站姿或坐姿以自然放松为好；面部不要显出紧张、拘谨的神情；眼睛更不要东张西望，要显得自然、自信、真诚。

【沟通小贴士】与媒体沟通的“3T”原则

Tell your own tale：以我为主提供消息。

Tell it fast：尽快提供消息。

Tell it all：提供事件的全部情况。

【总结与回顾】

近几年,全球出现危机的企业或组织屡见不鲜,对企业或组织来说,危机既是“危”,也是“机”,如果不进行危机沟通,小危机则可能变成大危机,对企业或组织造成重创,甚至导致企业或组织的消亡。危机沟通既是一门科学也是一门艺术,通过本章的学习,能够了解和掌握如何在危机爆发前进行调查、预测和准备;如何在危机中做出迅速、恰当、有效的反应,如何在危机发生后消除影响,最终将损失降到最低,使个体和组织早日恢复元气。

【自我技能测试】

你会正确处理危机沟通吗?

对于以下每一个问题,请选择一个恰当的数字进行描述:

1—非常不符合。5—比较不符合。6—基本符合。7—比较符合。8—非常符合。

1. 在大多数危机面前,我能够保持冷静,迅速理清问题。
2. 我有居安思危的意识,会提前考虑一些可能出现的风险并思考对策。
3. 我能充分听取别人的意见,在危机发生前防患于未然。
4. 在危机面前,我是一个应变能力较强的人。
5. 我深知危机预警系统在一个企业或组织中的重要性并懂得该如何去建立。
6. 我深入了解过一些知名企业或重要组织在危机中的公关策略。
7. 在危机沟通中,我能以诚恳、良好的态度处理问题,尽力维护组织形象。
8. 在危机沟通中,我会把公众利益放在首位,竭诚处理问题。

得分与解释

将所填写的所有数字加总得到你的测试分数,分数越高则说明你对危机沟通的了解越多。

得分为 33 ~ 40 分:你对危机沟通有过较深入的了解,这使得你比常人更善于处理这类问题。

得分为 25 ~ 32 分:你对危机沟通有一定的了解,能够处理部分危机问题。

得分为 17 ~ 24 分:你对危机沟通的内容偶有听闻,但不太能处理这类问题。

得分为 8 ~ 16 分:你对危机沟通的了解较少,需要加深这方面的学习。

【笔记栏】

参考文献

[1] 魏江. 管理沟通：成功管理的基石[M]. 4 版. 北京：机械工业出版社，2019.

[2] 张昊民，李倩倩. 管理沟通[M]. 2 版. 上海：格致出版社，2015.

[3] 李映霞. 管理沟通：理论、案例与实训[M]. 北京：人民邮电出版社，2017.

[4] 科里·帕特森，约瑟夫·格雷尼，罗恩·麦克米兰，艾尔·史威茨勒. 关键对话：如何高效能沟通[M]. 毕崇毅，译. 北京：机械工业出版社，2017.

[5] 冯云霞，沈远平. 管理沟通：基于案例分析的视角[M]. 北京：中国人民大学出版社，2015.

[6] 安德鲁·J.杜伯林. 领导力：研究·实践·技巧[M]. 王垒，译. 北京：中国市场出版社，2006.

[7] 约瑟夫·A. 德维托. 深度沟通（快速掌控谈话）[M]. 8 版. 吴晓静，译. 北京：北京联合出版公司，2019.

[8] 弗德曼·舒茨·冯·图恩. 沟通的力量：极简沟通的四维模型[M]. 4 版. 冯珊珊，译. 天津：天津人民出版社，2020.

[9] 贾森·杰伊，加布里埃尔·格兰特. 高难度沟通[M]. 美同，译. 北京：中国友谊出版公司，2015.

[10] 尼基·斯坦顿. 沟通圣经：听说读写全方位沟通技巧[M]. 5 版. 罗慕谦，译. 北京：北京联合出版公司，2015.

[11] 罗纳德·B·阿德勒，拉塞尔·F·普罗科特. 沟通的艺术[M]. 14 版. 黄素菲，李恩，译. 北京：北京联合出版公司，2018.

[12] 周庆，易鸣，向升瑜. 给客户一个理由：华为销售谈判与沟通技巧[M]. 北京：中国人民大学出版社，2019.

附录：思维导图

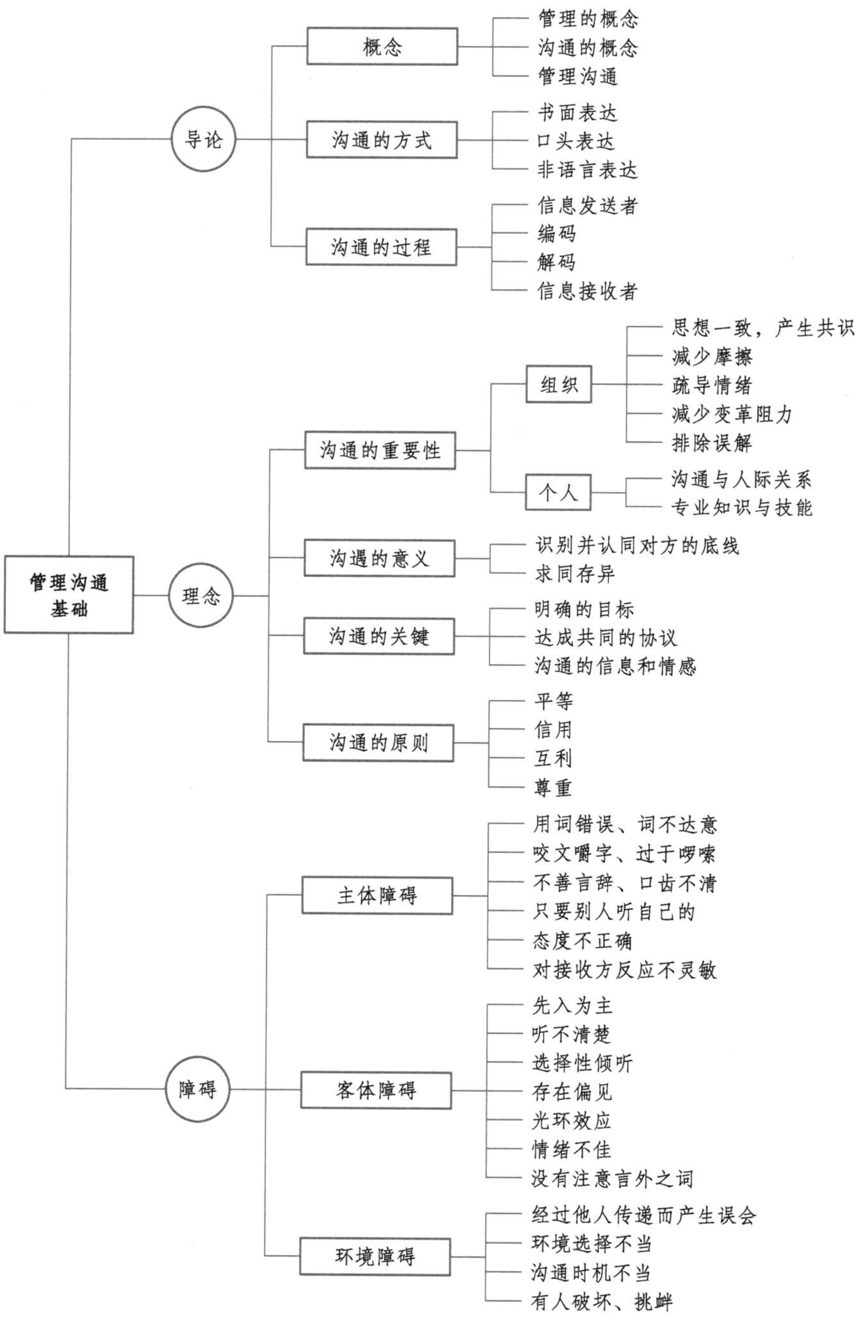
管理沟通基础
导论
概念
管理的概念
沟通的概念
管理沟通
沟通的方式
书面表达
口头表达
非语言表达
沟通的过程
信息发送者
编码
解码
信息接收者
理念
沟通的重要性
组织
思想一致，产生共识
减少摩擦
疏导情绪
减少变革阻力
排除误解
个人
沟通与人际关系
专业知识与技能
沟遇的意义
识别并认同对方的底线
求同存异
沟通的关键
明确的目标
达成共同的协议
沟通的信息和情感
沟通的原则
平等
信用
互利
尊重
障碍
主体障碍
用词错误、词不达意
咬文嚼字、过于啰嗦
不善言辞、口齿不清
只要别人听自己的
态度不正确
对接收方反应不灵敏
客体障碍
先入为主
听不清楚
选择性倾听
存在偏见
光环效应
情绪不佳
没有注意言外之词
环境障碍
经过他人传递而产生误会
环境选择不当
沟通时机不当
有人破坏、挑衅

- **技能进阶（上）**
  - 口头表达
    - 口头表达的特点
      - 同步性
      - 简散性
      - 暂留性
      - 临场性
      - 综合性
    - 口头表达的应用
      - 交谈
      - 即兴发言
      - 演讲
    - 口头表达的技巧
      - 说明力
      - 说服力
      - 感染力
  - 书面表达
    - 书面表达概述
      - 书面表达的特点
      - 书面沟通的写作过程
    - 书面表达的原则
      - 受众导向的信息组织原则
      - 文章要素的写作原则
    - 书面表达的技巧
      - 整合相似事物
      - 论点支撑选择准确
      - 拆分长句，使文章更清晰
      - 删除冗余语句
      - 用标题或提要拆分或归纳文章
      - 利用排版和设计在文字周围增加更多空间
      - 运用可读性工具突出关键词和短语
    - 书面表达应用
      - 商业计划书
      - 会议记录
      - 通知
      - 报告
  - 非语言表达
    - 非语言表达的基本概念
      - 副语言
      - 肢体语言
    - 非语言表达的重要性
    - 与语言表达的关系
      - 重复
      - 矛盾
      - 等同
      - 强调
      - 调节
    - 外界对非语言表达的感知
    - 非语言表达的技巧
      - 眼神沟通
      - 姿势沟通
      - 表情沟通
      - 空间距离沟通
      - 手势沟通
      - 穿着装饰沟通
    - 非语言表达的注意点
      - 理解自己的肢体语言
      - 适当正确地使用手势
      - 关注听众

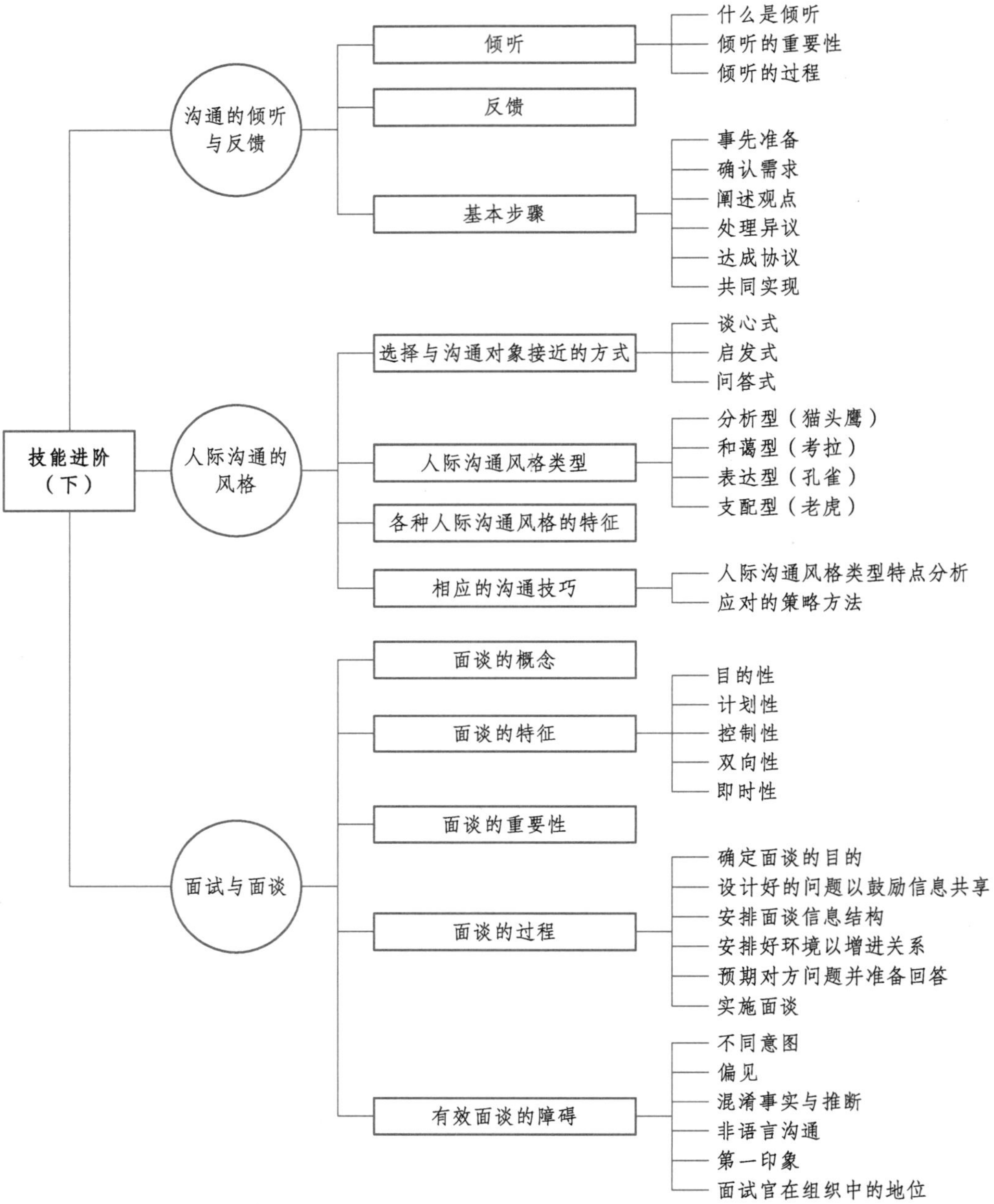
技能进阶（下）
沟通的倾听与反馈
倾听
什么是倾听
倾听的重要性
倾听的过程
反馈
基本步骤
事先准备
确认需求
阐述观点
处理异议
达成协议
共同实现
人际沟通的风格
选择与沟通对象接近的方式
谈心式
启发式
问答式
人际沟通风格类型
分析型（猫头鹰）
和蔼型（考拉）
表达型（孔雀）
支配型（老虎）
各种人际沟通风格的特征
相应的沟通技巧
人际沟通风格类型特点分析
应对的策略方法
面试与面谈
面谈的概念
面谈的特征
目的性
计划性
控制性
双向性
即时性
面谈的重要性
面谈的过程
确定面谈的目的
设计好的问题以鼓励信息共享
安排面谈信息结构
安排好环境以增进关系
预期对方问题并准备回答
实施面谈
有效面谈的障碍
不同意图
偏见
混淆事实与推断
非语言沟通
第一印象
面试官在组织中的地位

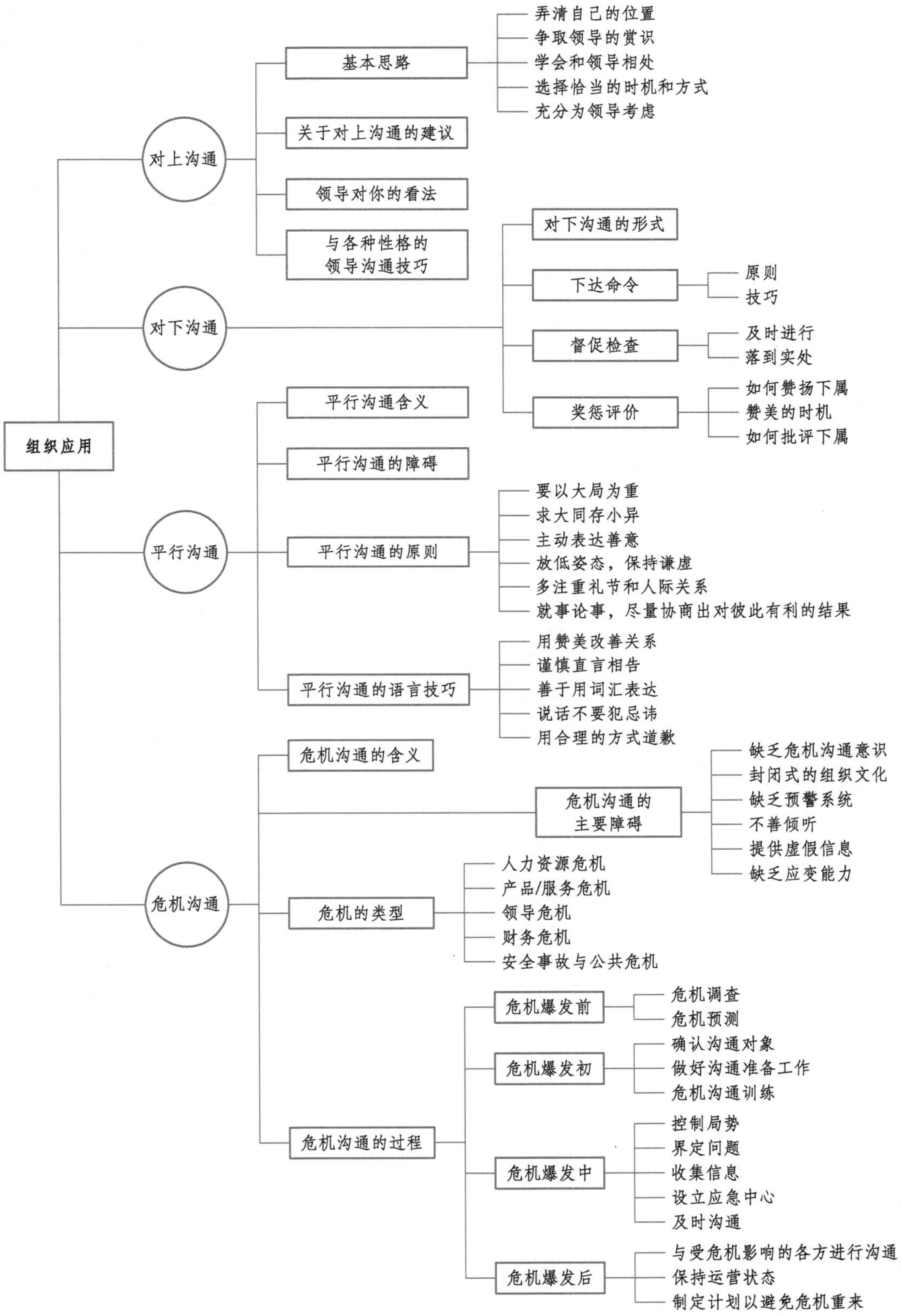
组织应用
对上沟通
基本思路
弄清自己的位置
争取领导的赏识
学会和领导相处
选择恰当的时机和方式
充分为领导考虑
关于对上沟通的建议
领导对你的看法
与各种性格的领导沟通技巧
对下沟通
对下沟通的形式
下达命令
原则
技巧
督促检查
及时进行
落到实处
奖惩评价
如何赞扬下属
赞美的时机
如何批评下属
平行沟通
平行沟通含义
平行沟通的障碍
平行沟通的原则
要以大局为重
求大同存小异
主动表达善意
放低姿态，保持谦虚
多注重礼节和人际关系
就事论事，尽量协商出对彼此有利的结果
平行沟通的语言技巧
用赞美改善关系
谨慎直言相告
善于用词汇表达
说话不要犯忌讳
用合理的方式道歉
危机沟通
危机沟通的含义
危机沟通的主要障碍
缺乏危机沟通意识
封闭式的组织文化
缺乏预警系统
不善倾听
提供虚假信息
缺乏应变能力
危机的类型
人力资源危机
产品/服务危机
领导危机
财务危机
安全事故与公共危机
危机沟通的过程
危机爆发前
危机调查
危机预测
危机爆发初
确认沟通对象
做好沟通准备工作
危机沟通训练
危机爆发中
控制局势
界定问题
收集信息
设立应急中心
及时沟通
危机爆发后
与受危机影响的各方进行沟通
保持运营状态
制定计划以避免危机重来